JN057986

実践 営業部が生まれ変わる6つの法則

宮本 梵 著

セルバ出版

はじめに

営業部の立て直しは、6つの法則を徹底することです。

無理難題の解決策ではありません。極めてリアルな実践法則です。

1つ目は朝8時から夜9時までがっちり現場を掌握できる営業部長を据えることです。誰が軸になって営業責任者をやるのかを決めます。会社がつぶれるか立て直しに成功するかの瀬戸際です。ぶれない軸体制を引くことが肝心なのです。もちろん1人の人間だけに時間的拘束をかけるわけではありません。営業幹部数名が代わる代わるしながら軸体制を堅持するということです。

2つ目は営業メンバーは社長の理念、感性を受け入れるメンバーで構成することです。この時期内部に抵抗勢力をつくる人材を置いてはいけません。無駄なエネルギーをとられることになります。

3つ目は楽しくやることです。眉間にしわを寄せたからって数字は伸びません。むしろ創意工夫に満ちたエネルギーに満ち溢れた職場であってこそ、立て直しのスピードは早まります。

4つ目は逆算の発想で、しっかりした立て直し達成のイメージを持つことです。

5つ目は現状の問題を直視し、売上・利益増大に直結する強化KPIを見つけることです。

6つ目、立て直しのスピードは能力開発のスピードに比例します。基本姿勢は営業スタッフ個々人の、能力開発を計画的にやることです。

物理学者のアインシュタインが言ったように「混迷している状況であっても、突き詰めるとその本質はシンプルな事実からなっている」ということです。

営業活動は、事業活動に90％のエネルギーを注入します。営業活動の活性化なくして事業活動の継続はありません。

ここでの立て直し対象企業は、営業スタッフが20～70人以下の中堅企業です。

しかし中堅企業といえど、営業活動は人間のやることです。営業部全体の規模の大小にこだわらず、自分の所属する部署の立て直しに置き換えてみてください。そうすると他人事でない気づきが多く見つかるはずです。つぶれそうな会社の営業部に所属する人間という動物が、業績が低迷し営業部の士気が落ち込んでいる状況からどうやって脱出するのか。まさにV字回復のためにどんなシナリオを描いて、立て直しをするのかを見るのも一考です。

立て直しには法則があります。人類の歩みの中で、数多くの成功者はそれに気づいて着実に実行し、ピンチから脱出して成功しているのです。

本書では、私が営業の現場で実践を通じて、つかみ取った営業部の立て直しの実践法則を開示します。本書が同様の悩み、問題を抱えていらっしゃる営業関係者にとって参考になれば幸いです。

２０１９年12月

宮本　梵

『実践・営業部が生まれ変わる6つの法則』目次

はじめに

第1章　営業部の病巣パターン

1　営業部が内部分裂し、主要営業メンバーが退社・10
2　業績低迷で営業メンバーが大量に辞めていく・21
3　事例1「東北の木工製品の用途開発」・26
4　問題解決の方法がわからず迷走を続ける・31
5　事例2「地方メーカーが営業部をつくり東京へ進出」・40
6　営業代行の特性・44

第2章　立て直し6つの法則

1　立て直しは誰が軸になるかによって決まる・52
2　営業部は社長の感性を受け入れる営業スタッフで構成しているか・60

3　立て直しを楽しもう・78
4　逆算の発想で、しっかりした立て直し達成のイメージを持とう・87
5　現状の問題から売上・利益増大に直結する強化ＫＰＩを見つけよう・97
6　立て直しのスピードは、営業スタッフの能力開発のスピードと比例する・114

第3章　人材派遣営業の仕組みからヒントをつかもう

1　マーケット分析、ターゲットセグメンテーション（絞り込み）の設定・124
2　新規開拓の問題のあぶり出しと解決策、スケジュール化・125
3　受注活動プロセスの問題と解決策、スケジュール化・130
4　クロージング（契約成立）の問題点と解決策、スケジュール化・132

第4章　差別化戦略をつくろう

1　差別化戦略のない事業は発展しない・136
2　【事例】小さな差別化ビジネスモデルの導入・139

第5章　立て直し中に営業メンバーにやっちゃいけない3つのポイント

1　上司は怒鳴るな！（ほめろ！）・144
2　自主性を押さえつけるな！（発揮させろ！）・145
3　マイナーな話をしてムードを下げるな！（ウキウキさせろ！）・147

第6章　営業マネジメントの5つのアドバイス

1　営業部全員の活動情報とスタッフ情報を見える化する・152
2　終礼を営業スタッフの人材育成の場にする・156
3　若手営業スタッフは直属上司をはっきりさせ、報告、相談ルートを決めておく・159
4　営業本部は目標と成果についてよく話し、営業全体のベクトルを合わす・160
5　営業本部は定期的に営業スタッフのメンタルチェックをやる・162

第7章　成長する営業、3つの条件

1　営業部という生命体は、目標達成のためにトップの意思と営業メンバーの改善案

を吸い上げて呼吸循環する・166
2 軸となる営業幹部は、目標達成のために個々の営業スタッフの能力開発プログラムの進捗責任者になる・170
3 年間予算は、営業メンバーが納得した売上・利益目標の合計値にする・173

おわりに

第1章　営業部の病巣パターン

混雑性の中にシンプルな本質を見つける
不調和の中に調和がある
困難さの中にチャンスがある
〈アルベルト・アインシュタイン〉

1　営業部が内部分裂し、主要メンバーが退社

社員も現場の中で着実に成長していく

組織は生き物です。会社は経営者の意志を反映して発足します。その発足の趣旨なりビジネス内容が、社会のニーズに合致ししているものであれば、企業として成長していきます。

しかし、企業の成長は1人で運営できるものではありません。まさに多くの社員の協力とエネルギーによって形づくられるものです。

会社組織は、老若男女の社員、様々な職種の社員によって構成されています。その個々の人たちからなる集合体を統括しているのは、組織の長、社長です。

ですから社長の影響力は、絶大なものがあります。組織の成長も、衰退も社長次第といっても過言ではありません。社長自身の成長進化や事業戦略、都度つどの意思決定が会社の命運に作用するのです。

それに、そこで働く社員も、会社の成長とともに変化していきます。

変化はビジネスパーソンとしての成長とともに、自分自身の意識の成長を伴います。つまり仕事に対する自分なりの捉え方が変化してくるのです。

仕事には常に判断を求められるステージが出てきます。それがお客さんから投げかけられる課題であり要望です。場合によっては、問題を突きつけられたり、クレーム発生であったりします。

ここでは当然速やかな問題解決の方策を取らねばなりません。つまり社員も常に現場の中で意思決定の判断能力を鍛え続けさせられているのです。

社長は経営者としての成長を目指し、社員もそれぞれの部署でビジネス能力を成長させているのです。

しかし、一部の社員は、職場内の人間関係で悩んでやる気をなくしているかもしれません。社員の中には仕事内容に自分の適性を見いだせず、辞めたいと思っている者も多々いると思われます。

このように組織は様々な思惑を持った社員から構成されています。

人も組織も常に変化する

成長は、いい方向に変化することです。

組織が成長することは、組織になじみ、成果を出して貢献している社員にとって満ち満ちた充実感があります。

しかし、一方で組織の成長、変化に伴って、自分の考えとそぐわなくなる人たちが生まれてくるのもごく自然なことです。

それが営業上の方針であったり、営業職そのものに対する違和感であったりします。

その場合、多少時間がかかりますが、個々人が会社の方向性や、事業ビジョンを理解しようとする姿勢を持てば徐々に緩和されてきます。

プラス思考は、考え方と行動を前向きな方向に変えてくれるのです。

組織の発展に伴う変化、居心地の悪さ、違和感は、日々の営業活動の激しい営みの中でいつの間にか解消されていくものです。

ここで個々人の抱える課題が解決されれば、次の課題の発生までは小休止です。

しかし営業活動の場合、売上予算をベースにした目標設定をするので、営業上の能力開発の課題が次から次へと発生します。

営業は極めてメンタルな仕事です。結果をすぐに出さなければならない仕事です。

そのため営業という仕事に対して、面白みや楽しみを感じる姿勢を持つと、そんなに苦になる仕事ではありません。

もしそこで現在所属している組織にいたくないと感じれば、転職して新天地で新しい営業生活をスタートすることもできます。

また営業職に向いてないと判断すれば、営業職以外の職種を選んで再スタートも可能です。

ですから営業スタッフ個々人の職業適性、人間関係の不具合についての疑問は、立て直しにとって大きな障害にはなりません。

社長に反旗を振りかざす営業スタッフが半数以上いる

立て直しという状況に直面して、一番根の深い問題は、社長の方針、考えに同調しない営業スタッフが出現した場合です。

それも1～2人というレベルではなく、営業部の半数を占めるような状況が出現した場合です。このようなグループが生まれた場合は、そこには必ずそのグループの中核をなすリーダー的な存在の人物がいるはずです。

この勢力は、社長に対してマイナスの感情を持っている連中です。対象が社長という明確な存在として位置づけられているので、社長の人間としての色々な要素を捉えて誹謗中傷します。

社長の言動、一挙手一投足、坊主憎けりゃ袈裟まで憎いという発想になってしまうのです。

現在、現役の社長をやられている方で、同じような体験をされている方も多くいらしゃるのではないでしょうか。

そこで何が嫌われる原因になったのかを調べると、色々なパターンがあります。

その中で、どの組織にもあり、身近で人ごとでないリアルな3つのパターンについてさらに掘り下げてみたいと思います。

社長が嫌わられるパターン

《社長とのスキンシップが少ないため、社長の意図することが正確に伝わっていない》①

上司と部下、社長と社員の関係は、急激な社会環境の変化に伴い、大きく変わってきています。職場のビジネス環境も、これまで猛威を振るっていたパワーハラスメント（パワハラ）、セクシャルハラスメント（セクハラ）、モラルハラスメント（モラハラ）などのいやがらせに、毅然と声を上げるようになりました。

サラーリマンも働き方改革に伴い、残業時間の制限や労働環境の改善が厚生労働省の指導で浸透してきています。

一昔前は､労働者と経営者は対立構造にあり､労働者が主体となる世の中を目指す階級闘争が華々しく叫ばれました。

しかし、１９９１年12月ソ連の崩壊や、建国70周年を迎えた中国共産党独裁による中華人民共和国の現実を見ると、しょせん人間のやることはドロドロした権力闘争、血の大粛正の歴史の繰り返しで進化しているようには思えません。

人間の品性が進化しないいまま、イデオロギーに凝り固まった社会実験には付き合いきれません。逆に自由の大切さに気づかされます。

話は逸れましたが、最近、労働者という言葉は、生気を失い、働く仲間同士でのコミュニケーションに重心が移ってきています。

これは現代社会で人間関係が希薄になってきていることの裏返しではないでしょうか。今回のケースにも当てはまるのですが、特に上司や、社長の部下に対するスキンシップの機会が少ないように思われます。

現代のビジネス社会は、世代の違い、役職の違いが前提となる場合、ただ話をすれば自分の考えを理解してもらえると思ったら大間違いです。話の内容がわかるのと、主旨を汲み取って、その考えを受け入れるってことは大違いです。

特に世代間の感性の誤差は、じっくりとお酒でも飲みながら、全人格をさらけ出して話をしないと通じるものではありません。仲間同士の飲み会とはえらい違いです。このところを自分に都合のよい解釈でやり過ごして、手を抜いているのです。

経営者は自分の考える事業ビジョンを理解してもらい、社員に実現に向けて動いてもらうことです。みんなを集めて話せばわかってもらえるという、一方通行では社員は動きません。そこでなぜわかってもらえないのか、と嘆いても独りよがりの発想でしかすぎません。

社員を動かすためには、言葉ではなく、体全身で自分を理解してもらうことです。この動きのないまま、いくら熱く戦略を語っても暖簾に腕押しです。

これができない経営者は、嫌われます。一言で言えば、経営者には向いていません。

もちろん社長は社長として居続けることはできます。しかし、その組織は社員の賛同、後押しがないので大きくはなりません。

社長は自分を理解してもらうには、まず酒でも飲みながら数人に自分の本音を知ってもらい、部下の思いを聞いてやることです。

そうすれば、小さな組織であれば、反社長勢力は生まれてきません。むしろ意思の疎通ができることによって、営業スタッフのやる気を引き出すきっかけになります。

ここから新しいステージが生まれるのです。

社長が嫌われるパターン②

《マイナー思考のリーダー格の人物に影響されて、業績の低迷は「社長の責任」と押しつけられる》

これは営業部でよく見かけられる現象です。普通、売上が落ち込んだ場合は、営業部長を含む営業スタッフ全員の責任です。通常の営業活動では、こう判断されて営業施策、営業活動の見直しを迫られます。

しかし、売上の低迷は、急に起きるわけではありません。長い営業活動の積み重ねから生まれてきています。しかも売上の低迷は、営業部の構造的な欠陥からもたらされており、早急な立て直しは難しいです。

そんな営業部の状況は、営業スタッフの離職率が高く、営業人材の養成が実を結んでいません。その結果、営業スタッフが短期間ですぐ辞めて、営業パワーが低下しています。また営業責任者もコロコロ変わって、営業方針の一貫性がなくなっています。

これらのことから、営業部は、集中力を欠いた組織になっているのです。

売上の伸びは期待できなくなります。

なぜなら、営業スタッフの営業能力は急激には伸びないからです。事業を支える売上アップは、今いる現状の営業スタッフの営業能力に頼るしかないのです。この状況を改善するには、新規の人材採用を仕掛けるしかありません。

実績が出せる営業スタッフは、業界は違っても中途入社の中堅社員として十二分に営業力を発揮できます。そこで、このレベルの営業スタッフを中途入社させ、営業スタッフ減少の対応策として既存売上の維持活動に貢献してもらいます。

またこれは、いずれ入社するであろう新人営業スタッフの間つなぎ機能も果たしてくれます。しかし、これとて入社してくる新人が凡庸な営業スタッフであれば、１～２年の育成期間が必要になります。

これは営業部では普通の事実として受け入れざるを得ません。むしろ、営業職の適性能力を濃く持っている人材こそまれなのです。

先天的に営業特性を持った営業職は、全国の営業職人口は３３０万人（２０１５年国勢調査）でその内、贔屓目に捉えても10％30万人ぐらいのもんです。スーパースターの登場は、そう安易に期待できません。

そうなると、売上を守っている営業スタッフに徐々に不満が発生してくるのです。

その矛先が離職率の高い人材採用をしている会社の最高責任者である社長に向かうのです。

もちろん人材育成の責任は営業部長にあるのですが、営業スタッフ育成はとにかく時間がかかります。営業スタッフが部長を責めるにも限度があります。営業部長を責めるのは社長だけです。営業スタッフにとって営業部長は仲間の1人です。

そのため、売上アップを叫び続けている社長こそ、辞めていった営業を穴埋めする即戦力スタッフを採用できないでいることが問題だということになるのです。一見正論に見える声が営業現場から上がってくるのです。

中途入社による営業戦力アップができないまま売上低迷が続くと、営業現場の社長とそりの合わないリーダー格の営業スタッフが、声高に社長批判をするようになります。ある面、自己防衛の伏線を張るわけです。それが全体のマイナーな反社長ムードを発生させるのです。

社長も採用には努力をしているが、結果よい人材が採用できなければ、どうしても営業スタッフの減少は廻り巡って社長の責任になってしまうのです。

「鈍すれば瀕す」の例えではないですが、すべての発想が後ろ向きに動いてしまいます。

売上低迷の原因は、もちろん社長にも責任はあります。

しかし本質的な要因は、長い時間の中で積み重ねてきた営業部の構造的な欠陥から噴出しているのです。そのため社長は、自ら営業ミーティングを開催し、売上低迷の原因究明をする必要があります。

社長が嫌われるパターン③

《社長と営業部長との意見の食い違いから、営業部隊の一部が反社長派閥に変質してしまった》

一番まずいパターンは③です。

営業部は営業部長を軸として機能しています。

営業部長は常に営業とともに活動し、営業スタッフのハートをつかんでいます。

その営業部長と社長が一心同体でなければ、営業部の一体感は生まれません。営業部はベクトルの定まらない、エネルギーの分散した脆弱な組織に成り下がります。

営業部長は営業部の軸です。誰が営業部長をやるか。誰に営業部長をやらせるかは立て直しを考える場合、極めて重要な選択になります。

意見の不調整が大量退社の原因につながる

組織は生き物です。そこで働く社員ももちろん生き物です。

そうすると自分の仕事上の考えが、部署全体の方針と違う場合も出てきます。仕事の進め方の相違が意見として出てきます。このしこりが問題発生につながっていくのです。

しかも社長の方針、考え方に反対の意見を持っている社員が増えてくると、会議の進行もぎくしゃくしたものになります。

普通、部署の責任者は、問題解決を図る際に営業スタッフに意見を求めます。侃々諤々と建設的な意見が出てきて、みんなの了承した案をもってじゃーそれで行こうということになります。当面はそれを実行して、その後、改善しながら問題解決につなげるというのが一般的な流れです。

しかし、そうでないということになると、さてどうなるでしょう。

つまり複数の営業スタッフが適切と判断する改善案を、会社の最高責任者（社長）が納得できる説明もなしに却下した場合です。

当然よかれと思い提案した改善案が、反主流派の営業スタッフだという感情的な理由や、今までこれでやってきたので変える必要はない、などとする硬直的な理由で不採用になれば、この営業スタッフたちにしこりを残します。

これは時間の層を重ねるにつれて、どこかで後ろ向きな行動を発生させるのです。しかも集団的な動きを伴ってです。そのうち反体制の営業スタッフは、後ろ向きな姿勢で固まって、中心人物がリーダーとなって具体的な動きをとり始めます。

そのリーダーという人物が営業部長その人であればお手上げです。

営業部長でないにしても、営業力とリーダーシップがある人物であれば同じことです。営業部全体に、決定的な変化を伴ったマイナスな影響力を与えます。

それは遅かれ早かれ反体制派営業スタッフメンバーの大量退職に流れていきます。

世間の事業環境を見渡すと、この後ろ向きな動きは、日常的によくある事例です。

そして辞めたメンバーが中核となって、新しく会社を起こすことも日常茶飯事です。

2　業績低迷で営業メンバーが大量に辞めていく

営業活動は、社長を含む営業幹部の舵取りで決まる

営業活動は、活動内容がそのまま事業実績の数値で明らかになります。つまり営業幹部が設計した戦略が、月々、四半期、半期、年間の実績として反映されるのです。社員は、その結果が戦略通りに成果が出ていれば、全員もろ手を挙げて大喜びします。そして社長、営業幹部に対しても全幅の信頼を寄せて日々の業務に精を出します。

しかし、そうじゃないケースの場合、状況は大きく変わります。社員は営業幹部に不満と不信を抱くようになります。社員は、この会社は潰れるのじゃないか、ボーナスはきちんと払ってくれるのだろうか、など先行きに心配をいだきます。一部の社員は、この会社を辞めることを考え、在籍中に転職の準備をする者も出てきます。

特に真剣に考えて速やかにアクションを起こす者は、優秀な社員と相場は決まっています。優秀な社員ほど真っ先に辞めていくのです。優秀な社員ほど会社の経営方針、営業施策について自分なりの考えを持って、客観的に評価しています。

もちろんそんな社員も唐突に辞めるということはなく、営業幹部に改善案の提案をしているはずです。それが受け入れてもらえないがゆえに、最終手段として辞めるという選択をします。

そんなことから、業績低迷が営業部の病巣になり、営業メンバーが大量に辞めていくきっかけになるということが容易に想像できます。

売上、利益の業績低迷は営業幹部の責任です。この業績の低迷が会社の成長性をむしばみ、社員のやる気を剥奪し、退職へと追い込むのです。

《売上低迷の3原因①》営業パワーの減少

中国の兵書に『孫子』があります。この兵書は、紀元前500年ごろ孫武によって書かれ、時代の流れの中で数人の手を介して推敲されてきたものです。

『孫子』は本論十三篇からなっており、その中の謀攻篇第三に、

「故に兵を用うるの法、十なれば則ちこれを囲み、五なれば則ちこれを攻め、倍すれば則ちこれを分かち、敵すれば則ち能くこれと戦い、少なければ則ちこれを逃れ、若からざれば則ちこれを避く」とあります。

要約すると、「戦い方は相手の出方で戦法を変える必要があります。敵勢力より味方の勢力が十倍の場合は包囲しろ、五倍なら攻め込むがよい。味方の勢力が敵の2倍くらいであれば、確実に勝てるとは限らないので、敵を二分割させてその一方に集中攻撃をかけろ。勢力が同数の場合は、上手く状況対応し強みを活かして戦え。少ない場合は、逃げるかしてその状況を回避して戦うな」と言っています。

戦いには、数、量の原理が一貫してしています。営業においてもまったく同様です。

営業スタッフの減少は営業パワーの減退につながります。営業スタッフが辞めた際は、速やかに求人募集を出して人員補充をする必要があります。そして即戦力化に向けた研修を実施します。

それと並行して重要なことが、居残っている営業スタッフの能力開発です。辞めた営業スタッフの代わりに入ってきた新人が戦略化するには、物理的に最低半年～1年の助走時間が必要です。

業界経験者であれば、2～3か月で戦力化できると思われます。それも営業力があっての話で、成果はそれに比例します。

現状の営業スタッフも、新人営業が育ってくるまでを空白の時間にするわけにはいきません。現有の営業勢力は、マイペースを決め込むのではなく、むしろ意識的に業績向上に貢献し、新人営業が戦力化するまでの間を補強する必要があります。

その意味でも、現有勢力の意識の高揚感、意欲の発揚に向けた演出が求められます。

これは営業のルーティン活動ではなく、変則的な刺激です。

色々考えられますが、その1つに、営業キャンペーンの実施があります。金銭的インセンティブを設定してゲーム感覚で競わせるのです。

中身については、営業幹部主導で考えてください。これはあくまでも幹部主導の、業績向上を前提としたプランです。

そして勢いをつけた営業部は、新人営業をスピーディーに営業戦線に参加させるように仕向けてください。営業パワーの減少は、営業スタッフの増員と営業能力のアップによって、反転上昇に変えることができます。

《売上低迷の3原因②》営業戦術の間違い

営業活動は営業部の営業戦術に基づいて実施されます。

もしその営業戦術が間違っているとなると、当然その結果は思わしいものとはなりません。

しかし営業は、机上の計画だけで成果を出すことはできません。実際にやってみることによって、その作戦の有効性が判明します。

ですから作戦の間違いはあります。

その際は、速やかに間違いの原因を突きとめて、有効な作戦に差替えることです。原因分析は、リアルな現場の事実をベースにするために、現場の営業スタッフを参加させブレーンストーミング形式で様々な意見を吸い上げます。

この原因分析を通じて得た見直し戦術を何の躊躇なく実行することです。

仮説の営業戦術の有効性を問うには、実際のマーケットで実践して検証することです。

つまり仮説の営業戦術の設定は、実施、検証、有効戦術の再設計というサイクルを繰り返し実行することによって有効戦術に仕上がっていくのです。

この仮説設定と検証作業は営業活動そのものです。営業戦術は、営業活動を通じて繰り返し見直し続けていきます。つまり営業活動は、有効な営業戦術探しでもあるのです。

もう1つ付け足しておきますと、営業戦略というのがありますが、これは会社経営をやるための経営戦略の中核に位置づけられるものです。

会社経営は、現在のニーズに合った商品・サービスをマーケットに提供し、消費者にそれに満足して購入してもらうことです。

そして、購入してもらった対価を収入として得ることによって、会社は成長発展していくのです。会社の方向性は、どんな事業コンセプトに基づいて、どんなマーケットで、どんな商品、サービスを提供するかで決まります。

営業戦略は、会社の方向性そのものなのです。

ですから、営業戦略を、途中でコロコロ変えるということはできません。

もしやるとすれば、まさに新商売を立ち上げるということです。進行中の現事業を立て直すこととは違います。

営業戦術は、毎日繰り広げられる営業活動の中で、どう有効に活動すれば成果が出せるかを設計することです。まさに刻々と変わる状況に合わせて、どうすれば実績を上げることができるかを作戦として仮説設計することです。

「失敗しない一番いい方法は、何もしないことだ」という言葉がありますが、営業戦略は改善しつづけていくことによって、精度を上げることができます。

《売上低迷の3原因③》サービス・商品の市場訴求力の低下

③のケースの場合は、新たに遡及できる新市場を現状のマーケットの中に見つけ出すか、新たな新市場をつくるしかありません。

そのためには、まずは現商品・サービスの特性、優位性を棚卸します。自社のサービスを多様な側面から検討して特異性、有効性を再発見するしかありません。そして、その特異性が新規投入できるマーケットは、どんなマーケットなのかを探る必要があります。

現状のマーケットに対して、新たな付加価値をつけて再登場させるのです。

要は試行錯誤を通して、方向性を見つけるしかないのです。まさにサバイバルです。

商品・サービスの優位性だけでなく問題点、課題をあぶり出してその根本原因がなんであるかを究明しなければなりません。課題解決に向けて仮説検証のサイクルを実行することです。

そして場合によっては撤退ということも視野に入れなければなりません。

3 事例1「東北の木工製品の用途開発」

捨てていた灌木剤の有効活用

「うちの商品の販売チャネルを、開拓してもらいたいんだけど、あんたのとこでできるの?」という問い合せがありました。

話を聞くと、東北、宮城県の木工製品メーカーからの電話でした。

この会社は、林業を営む際に、灌木材を伐採するが、この灌木材を有効活用してゴルフのピン、木工製品、木皿などに商品化していました。

しかも東京マーケットでの販売チャネルを開拓してもらいたいという依頼でした。

さらに東京にあったアンテナショップに訪問して詳しく話をうかがうと（ＦＳ）、まず木皿に特化して販路開拓をしたいということでした。

木皿の販路開拓からスタート

ＦＳをすることにより、最初の問い合せの『木工製品全般の販売チャネルの開拓』というよりは、「木皿に絞り込んだ販路開拓」をしてほしいという案件内容であることがわかりました。

しかも、木皿を強化商品、新商品として位置づけたいので、商品開発のための情報収集もしてほしいという意図も読めました。

木皿は灌木を薄くスライスし、何枚かを貼り合せ、熱プレスでお皿に成形したものです。

大きさは10センチ、20センチの円形のものから、楕円形、四角いものなど様々な種類があります。

そこで、まず販路開拓を目的としながらも、木皿の商品訴求力がどれだけあるかを、マーケティングリサーチをする必要がありました。

マーケットニーズを吸い上げ、木皿の形やデザイン、用途に反映させせるためです。

木皿の用途開発のための情報収集へシフト

そんなわけで、この試し営業はマーケティングリサーチを実施し、木皿の商品訴求力のポテンシャリティ（可能性）を調査することにしました。

もしその商品価値に市場ニーズがあると検証されれば、営業代行強化のための人員の増強も検討しようということにもなりました。

当初のプロジェクトメンバーは、リーダーを含め5人の営業スタッフで構成されました。

期間は3か月間に設定。

メンバーは用途開発を念頭におきデパート、ホームセンター、ショッピングセンター、園芸センターなど、商品導入の可能性のあるターゲットに飛び込み訪問と、一部電話によるアポイント訪問を繰り返しました。

問題続出

スーパーのお肉屋さんでは、高級牛肉のトレイとしてはどうかというアドバイスをもらい実際に使用してもらいました。

しかし、肉汁が木面全体に染み込み、実用に耐えないことがわかりました。

園芸店でも鉢植えを木皿にのせると見栄えはいいが、水を注入すると水漏れを起こし、飾っておけないなどの欠陥が指摘されました。用途開発の提案によって、商品の多様性が発見されるとともに、商品の改良課題も一気に吹き出しました。

その都度プロジェクトメンバーは、依頼先に報告し改良依頼を要請しました。水漏れは表面のコーティングや、接着剤の改良によって改善されました。

しかし一番の難問は商品単価でした。

市場には、プラスティックや塩化ビニール素材の食品用容器が安価で大量に出回っており、到底たちうちできる状況ではありません。

木皿に天然素材のよさという付加価値をつけ、採算の合う価格で売り出すには、まだまだ開発期間が必要でした。

試し営業で事業化を見直し

結局、この試し営業をやったことにより、この木工製品メーカーは木皿の早急な事業化を見直すことなりました。多額の事業投資、人的増強をすることなく、試し営業という低コストで現実的な対応と選択ができたのです。

試し営業をやることによって、単価の問題、製品の改良課題、販売チャネルの木皿に対する要望、セールスポイント、用途開発のアドバイスなど、色々な切り口の情報があぶり出されました。

そして結論としては、一旦時間をとって分析、検討しようということになったのです。

木皿は潜在的なポテンシャリティは持っているが、まだ改良すべき課題を抱えた未完成な商品であることがわかったのです。

木工製品メーカーは、約１０００件の試し営業の活動情報によって、大きなリスクを抱え込むことなく事業戦略、販売戦略の見直しをすることができました。

利益の低迷

営業活動は、徹頭徹尾「いつまでに」という期間限定のゲーム（遊び事）の法則が底辺に流れています。

その中で営業活動の目的は、売上の獲得だけでなく利益確保です。利益確保は当然、利益改善の流れにつながっていきます。

利益改善のポイントは、利益額の設定、原価率の目標改善率に則って、改善の期限を決めることです。改善期限は絞り込んで半年後とか、1年後にします。

料金改定すべきクライアントもターゲットを設定して対象を絞り込みます。

改善ターゲットに設定したクライアント企業へのアプローチシナリオは、1件1件違います。

さらに個々のクライアントごとの改善金額を想定して、対象ターゲット全体で利益改善額はいくらであるかを予測しておくことも必要です。

それも営業スタッフ単位でいくら、営業部全体でいくらというつかみをしておきましょう。それによって、各営業スタッフへの利益改善指導のやり方も変わります。

利益改善のもう1つのポイントは既存企業の改善だけでなく、新規企業からもたらせられる利益額の増額分です。

新規にクライアントと取引をスタートする場合、料金設定は営業部で統一した基準利益率を設定しておかなければいけません。

この基準を確保できない場合は、上司に事前申告して許可を得なければならないというルールもつくっておくべきです。

また、大型案件の受注に際しては、金額の大きさと相殺した戦略的値引きという例外的措置も念頭に置いて対処しましょう。

4　問題解決の方法がわからず迷走を続ける

営業幹部に問題解決をする能力がない

事業活動においては、問題を1つ解決しても、また次から次と新たな問題が発生します。

営業幹部は、現場の従業員とともに一緒に考え解決します。そして解決し続けていけば会社は健全に発展していきます。

これが事業成長における自然な流れです。

ドイツ人哲学者であるヘーゲルの「正反合」の弁証法に通じる試行錯誤による解決法です。

しかし、営業スタッフが辞める企業は、営業幹部の問題解決する能力が劣っています。

優秀な社員は、そういう現実を突きつけられると、時間軸にこの会社の行く末が想像できます。これは間違いなくハッピーなものではなく、生活の安定からほど遠い未来しか想像できません。おのずと社員の選択は退職に結びつくことになります。

このことから言えることは、問題が発生したら現場の従業員の話をよく聞くことから始まるということです。まずは、営業スタッフに寄り添った協力姿勢を見せることです。

そしてその問題にお客さんが絡んでいる場合は、営業幹部は営業スタッフに同行して、きちんとお客さんに出向いて直接話を聞くことです。その後、このテーマについて、営業能力の高い営業スタッフも参加させて会社として解決するのです

そうすれば、問題解決できず迷走を続けることもなくなります。

しかし現実は、営業幹部の頑迷固陋な対応の結果、多くの退職者を出しています。

実際には営業幹部が自力で、あるいは営業部スタッフの英知を結集しても問題解決ができないケースもあります。

営業は抽象ではなく現実です。「問題解決できません」では済まないのです。

こんなとき外部の営業代行会社を使って試し営業をやるのも1つの方法です。

試し営業とはどんな仕組みか説明したいと思います。試し営業はコンサルティングではなく、雇い兵を使った実践営業です。

《こんなとき、営業代行を使う①》きっかけは、こんなとき

・戦略商品・サービスの営業を強化したい期間中だけ、営業スタッフを大幅に増やしたい。
・現状の販売先だけではビジネスの拡大は無理。新しい販売先を新規開拓したい。
・都合のいい話で固定費、人件費を増やさず、一時的なタイミングに営業を大量増員したい。
・既存商品・サービスが販売不振なので売り方を見直し、新しい売り方を見つけたい。
・新商品・新サービスが近々販売予定されているが、まだ売り方が決まっていない。
・新規事業や新商品・サービスの試し営業をやってみたい。
・売上が低迷しているが、課題解決の方法がわからない。

などなど営業活動には、ルーティンの活動とは違った動きをとりたい時期があります。まさに、そんなときが営業代行の出番です。突然提起されるこんな問題解決に、営業代行会社は委託企業と綿密なすり合わせをします。

当然、機密保持契約書を交わして、売り方を検討することになります。

依頼企業の売り方に自社の運営ノウハウを加味した、実践的な売り方も提案します。ケースによっては、委託企業は成果目標数値だけを明示し、それを達成するための売り方については、営業代行会社に一任することもあります。

営業代行の売り方が決まれば、双方で業務委託契約書を交わして営業代行プロジェクトがスタートすることになります。

【図表１　こんなとき、試し営業を使う】

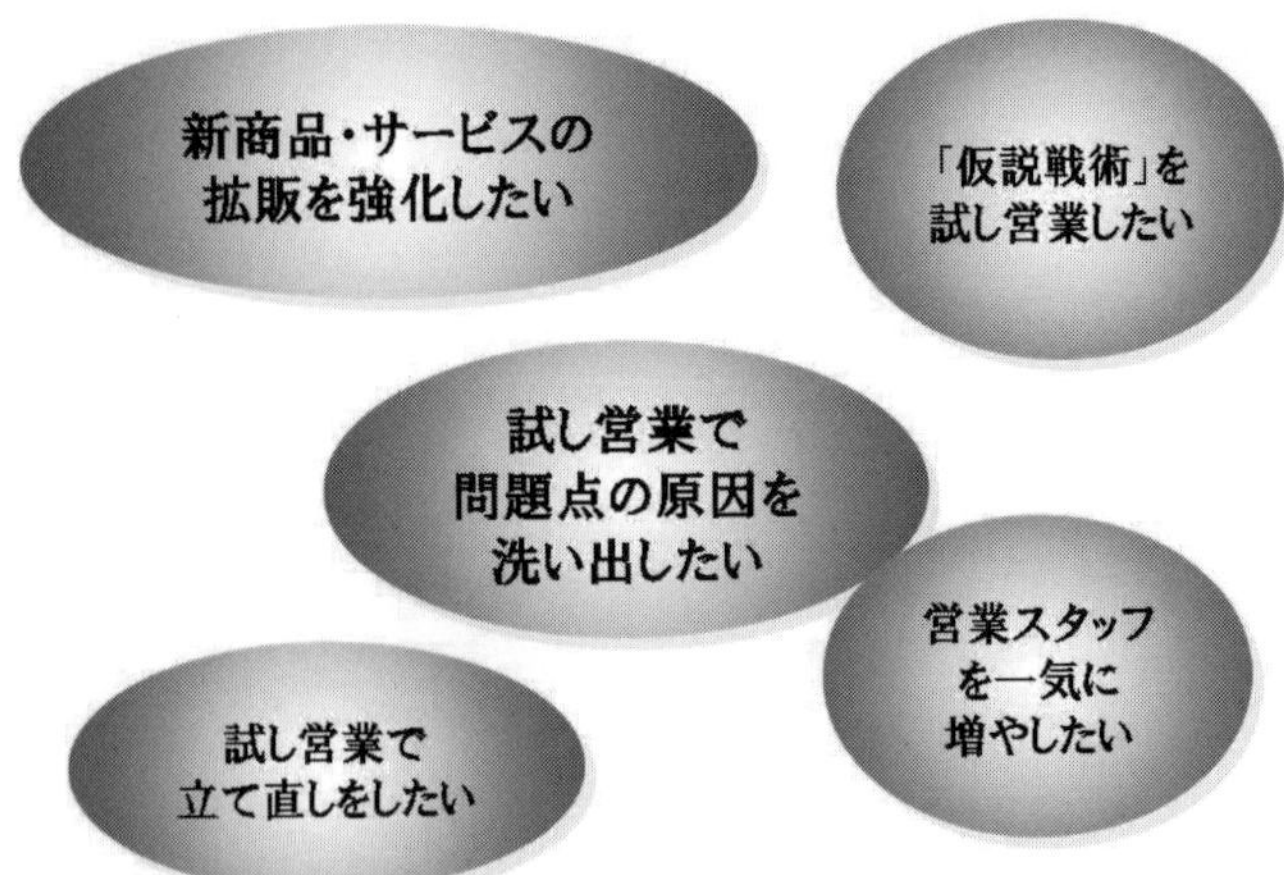

【図表２　業務委託システム】

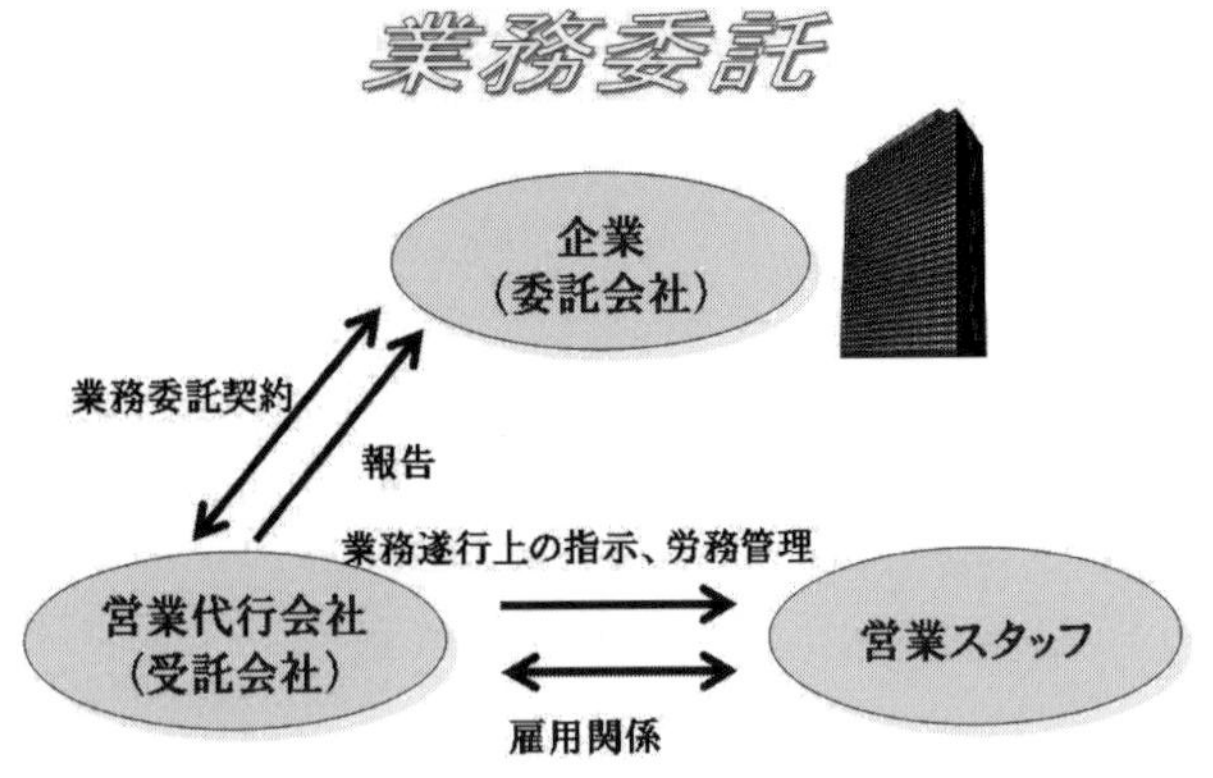

《こんなとき、営業代行を使う②》営業代行が広まった２つのきっかけ

１つ目は１９９９年に労働者派遣法が規制緩和され、「対象業務の原則自由化」が施行されたことが一因です。これにより営業職の派遣が可能になり、営業活動の業務受託に発展していきました。労働者派遣法は、１９８６年に施行されました。

２つ目は、２００１年より電話通信会社間で登録加入者の獲得をめぐって、激しい加入競争が全国各地で繰り広げられたことが大きなきっかけとなりました。いわゆる「マイライン」サービスという事前に利用する電話会社を登録することによって、その電話会社の識別番号をダイヤルすることなく通話できる電話会社選択サービスが実施されることになったのです。

通信会社各社は、固定電話の通信回線加入をめぐって、新規お客さんの加入獲得を競い合いました。そこで各通信会社は、複数の人材派遣会社から外部営業部隊を導入することによって、営業部隊の増強をはかったのです。

通信回線獲得向け営業代行のビジネスモデルができあがる

営業代行の立ち上げは、極めてスピーディーに行われました。

営業代行会社は通信会社と契約を交わすと、１か月以内にプロジェクト拠点となる賃貸オフィスを確保し、並行してプロジェクトメンバーになる営業スタッフ20～30名を早急に採用しました。

さらに1か月内に新規開拓営業の売り方設計、プロジェクト運営体制の編成、新人営業スタッフへの商品知識研修を実施しました。

この最初の営業プロジェクトは、仮説の売り方を検証する20人くらいの試し営業プロジェクトとしてスタートしました。1年間限定という短期でしたが、各社の加入獲得競争は業界の勢力図を塗り変えるような激しいゼロサムゲームに発展しました。

通信会社のビジネスモデル（営業代行の仕組み）ができると、お客様の発注ペースに合わせて営業拠点を主要都市から全国の中堅都市へと広げていきました。

一時期、札幌から沖縄まで、通信会社各社の営業代行プロジェクトは総数130～150拠点、営業代行に関わった総人数（事務員含む）は、4000～5000人に達しました。営業代行のプロジェクト拠点も、1年弱で20人から10倍の200人にまで増員された拠点もありました。

企業営業部が持つ「うちの営業は特別、特殊」という思いはただの幻想

一般的に、各企業の営業部や営業幹部は、一様に「当社の営業部は他社と違って特殊なので、第三者が入ってきてもすぐには役に立たない」とよく言います。

しかし、色んな企業の営業代行をやっていると、特殊とか特別と思っていることがいかに幻想であり、独りよがりな思い込みであることがよくわかります。

特殊でもなんでもない。

営業経験者であれば、たいていの営業環境にすぐに適応します。むしろこれまで培った異業種の営業ノウハウがあれば一企業、1か所でしか営業の経験をしていない営業スタッフより、はるかに適応力と営業力を発揮します。自社の営業環境を特殊と思っても、営業幹部が思うほど特殊ではないのです。ただ、世間の営業組織を知らないだけです。

しかし21世紀は、そんな狭い世界の成功体験は、ブチ破らないと生き残れない。

これまでの価値観は、今すぐ海に捨てなければだめです。そして現実の自分を取り巻くリアルな事実を全面的に受けとめ、新しい売り方の発見に取り組むべきです。

《こんなとき、営業代行を使う③》試し営業の３つの導入ポイント

営業活動で試し営業を導入するポイントとして３つのケースが想定されます。

1つ目は既存の商品、サービスが売れないので何とかしたいという課題があるケース。

2つ目は新しい商品、サービスを近々発売するが、有効な売り方がわからないケース。

3つ目はマーケティング・リサーチをやりたいケース。

このうち最初の2つのケースは内容が違いますが、どちらも成果のでる売り方を見つけたいという課題を抱えています。３つ目は課題解決のために設定した仮説を、実際に調査活動で検証し、仮説の成否を見極めたと考えています。

この３つのケースを、試し営業の視点て説明します。

【図表３　試し営業の実施フロー】

売上が伸びないポイントに試し営業

既存商品・サービスの売上が伸びない原因究明は、部屋の中で沈思黙考してもわかるものではありません。

マーケットに出て、消費者が購入または利用する現場に身を晒さないと見えないです。

「感じろ」といってもいいかもしれません。その現場に身を置くことによってしか感じることのできない、微妙なニュアンスを拾いあげることが大切です。

先入観のない客観的な視点が必要です。ここに営業アウトソーシングを使う意味があります。

営業スタッフの活動内容は、直接マーケットに参加してその売れない商品・サービスに対する消費者の反応、評価、受入状況などを吸い上げてくることから始まります。

一般的に商品は商品開発をする前に、商品特性としてどんな価値（デザイン、機能、安さ、サービス内容、スピードなど）を売りにするか、購入者ターゲット（年齢層、性別、所得層、対象地域など）をどうするかをあらかじめ設定します。

営業代行スタッフは最初に仮説設定した商品特性が、本当にマーケットニーズと合っているか実態調査をします。その商品の特性を消費者がどう捉えているかを情報収集します。

売れない原因をあぶり出し、新しい売り方をつくりだす

消費者がこの商品に求めている価値は、商品開発時に考えていた価値と大きく違っているかもしれません。機能特性を前面に出して広告宣伝していた商品が、実際はデザインに魅力を感じて購入されていたというケースもあります。あるいは安さが一番の購買動機だったケースもあります。

ターゲットにしても同様で、20代の女性をターゲットにしていた商品が20代には関心を持たれず、一番の購買層は30～40代の女性に買われていたということもあります。

想定外の価値やターゲットが導き出されることもあるのです。マーケットは生き物。商品開発者の想定通りには反応しません。商品をマーケットに投入して初めてわかる価値、ターゲットがたくさんあります。

そこで、商品・サービスの発売時につくった売り方の見直し、再設計し、市場から気づかされた新たな価値、ターゲットに合わせた、新しい売り方をつくりださなければなりません。

新しい売り方ができあがれば、再度その新しい売り方を検証するための試し営業を実施します。

そして、新しい売り方は試し営業によって、再度、改良、見直しが加えられ実践的な売り方に仕上げます。

5　事例2「地方メーカーが営業部をつくり東京へ進出」

若社長には夢があった

この案件は中国地方の中堅都市にある健康酢メーカー（A社）からの問い合せから始まりました。そして試し営業やるきっかけになったのは、営業訪問した際の問診から得たヒントでした。

依頼主は2代目若社長でした。この若社長には夢がありました。父親が創業した健康酢製造会社をより発展させたい。地方都市を拠点にした単なる食品メーカーで終わらせたくないという強い思いがありました。

当時、A社の健康酢製造は、前年の販売実績と、健康食品市場の動向を見積もって、生産数量を決めていました。

商品は、濃縮タイプ紙パックの1・5リットルと、750ミリリットルが主製品で、他に携帯用ステックがありました。飲むときは、どれも水に溶かして飲む健康酢です。

商品の販売は、問屋を通してデパートの健康商品売場で展示販売されていました。販売ルートはこれだけ。

2代目若社長は、漠然とした販売拡大のビジョンを持っていました。「市場は東京だ。東京圏のマーケットに当社商品を進出させたい」という意欲をぶつけてきました。

ＦＳから浮かび上がったＯＥＭ案件

営業代行会社の営業スタッフは、フィジビリティ・スタディ（ＦＳ／お客の仕事内容を正確に把握するための問診）で、様々な角度からこの健康酢の現状、実態、実績、効能を問診しました。その中で1つ引っかかる実績が浮かび上がってきました。

以前、東京のエステから「ＯＥＭ（相手先ブランド）でお店独自の健康酢として販売したいが、可能かどうか」という問い合せがあったということでした。そのエステ店は、オリジナルのラベルを張った健康酢として、お店に置いて売り出したいとのことでした。もちろん、この案件は受注して納品しました。

この情報は問診の中でさらっと話されました。その後、ＯＥＭ案件の問い合せはありませんでした。たまたまの例外事例、こんなこともあったというレベルで、この実績は生かされていなかったのです。

営業代行会社の営業スタッフはこの実績に食いつき、この事例はA社の東京進出のキーファクターであることを指摘しました。2代目若社長は、この切り口に納得し、話を前に進めました。そして数日後、東京のエステを販売ターゲットにした東京進出の提案書が承認されたのです。

東京のエステ攻略の営業プロジェクト発足

東京都だけでも、１０００店を超すエステがありました。市場規模の十分さと、市場ニーズが確認され、東京進出の前哨戦としての試し営業をやることが決まりました。

しかしA社は、メーカーに徹していたので、営業部隊を持っていませんでした。当然、そこで専任の営業スタッフを手配し、営業販促用のパンフレット、資料、営業ツール、営業活動を管理する営業管理フォームもつくりました。

その後、営業代行会社は、A社と協議し業務委託契約を結ぶ際に、募集活動で集めるプロジェクトリーダー1名、営業スタッフ3名、事務処理スタッフ1名の合計5名のメンバー経費を営業代行受託費用に盛り込みました。さらに、営業指導をする営業代行会社の営業スタッフを、営業アドバイザーとして1名参加させました。

この営業アドバイザーが実質この営業代行のＳＶ（現場責任者）です。

試し営業は、ターゲットである１０００店舗エステの10％に相当する１００社を目標受注件数としました。営業アドバイザーはプレッシャーの中、柔軟な思考と同行営業による臨機応変の現場営業を実行しました。

そして仮説の売り方を、リアリティのある実践的な売り方に進化させたのです。

現場プロジェクトに貼りついた営業アドバイザーは、ある面このプロジェクトのコンサルティングをすることになりました。

【図表４　地方企業の東京への進出サポート事例】

＊健康酢食品メーカー

FS

・2代目若社長発足

・東京に新しい販売チャネルを開拓したい

・東京のエステサロンから0EMオーダーの受注歴を発見

営業部立上げ

SV
事務1名
営業3名

・事業拠点設置し運営管理（業務委託）

・営業のパンフ・ツール開発

・ターゲットの拡大
神奈川エリア、スポーツクラブ

・営業施策立案、実施

試し営業からスタートして、１年後東京に営業所を開設

営業３か月目にはエステサロンからの引合いも数多く上がってきました。

見込件数が増えてくれば、それに伴いＯＥＭの受注件数がとれるようになります。半年後にはターゲットをスポーツクラブにも拡大し、エリアも神奈川エリアまで範囲を広げました。

活動数値としては、リストにもとづく飛び込み訪問で有効訪問件数が６・２件／日、有効訪問率68・９％、有効訪問受注率３・２％、受注件数４件／人月でした。

その後1年間におよんだ試し営業のプロジェクトは、十分な新規顧客を開拓し終了しました。

そして、A社はその新規顧客のメンテナンスと、さらなる新規開拓のために念願の東京営業所を開設しました。プロジェクトで活躍した営業スタッフは、A社の正社員として移籍しました。

健康酢会社の試し営業は、閉塞した事業を、ある兆しをきっかけにし事業拡大をした事例です。

営業部創設のための試し営業でもあった

この事例は「営業部創設のための試し営業」でもありました。

現在、東京進出の機会をうかがっている企業は、資金の問題だけでなく、人材や活動拠点の確保、営業展開のための営業戦術の策定など色々な各種制約、課題を抱えているはずです。

このような企業の課題解決をするのも営業代行です。地方にあるがゆえの自社の強みを反映させた商品・サービスを引っ提げて、ぜひ東京マーケットに進出してほしいものです。

6　営業代行の特性

①オーダーメイドの売り方をつくりだす

営業代行から生まれてくる営業課題は、各社各様でどれ1つとして同じものはない。

各企業が持つ環境、人材、組織、技術、理念、戦略などが絡み合って千差万別です。

営業代行はおのずと依頼企業の意向に合わせたオーダーメイドの受注にならざるを得ません。

そのため営業代行会社は、営業代行プロジェクトを受注する前に、ＳＦ（フィジビリティ・スタディ）という問診ステージを用意します。ここでお客さんの課題が何で、この課題をどうしたいのかを聞き出します。また課題が生まれた背景や因果を聞き、課題解決につながるシナリオが描けるか判断します。ＦＳ（問診）の中から、実施の可能性を判断するのです。

その結果、成果を導き出す方法がどうしても見つからず、案件を断るケースもあります。

営業代行はこのような仮説をオーダーメイドな売り方で実行し、仮説が正しいか検証します。その結果として実践的なオーダーメイドの売り方を見つけ出すのです。

あるいは、課題解決につながるリアリティな気づきやマーケットの声を拾い上げることを目的とすることもあります。

②営業戦力のパワーアップ

営業部隊を編成するとき、正社員営業スタッフと営業代行スタッフとどちらがベストかといえば、当然正社員スタッフで固めるほうがよいに決まっています。

しかし、現場の営業環境を見ると、安易に固定費を増やす経営手法は得策とはいえません。固定費は最小限に抑え、営業局面にあわせて営業スタッフの人数を増減調節するほうがベターな経営です。それも営業代行スタッフの導入で、５～６人の増員でなく、20～30人の増員を念頭に置いた営業力強化を実施する場合はなおさらです。

１人２人増やす、ちまちました増強策では、短期間に目に見える成果が出せません。

そこで営業代行で一気に増強して成果を出すのです。

③営業代行スタッフは営業だけに集中できる

社員営業は上下左右の先輩、後輩、同僚、上司にあまねく気を配らなければなりません。

いわゆる社内営業をやらなければなりません。出世する人間の多くは、この社内営業に長けた人物です。この事実は会社人間なら周知の事実です。このように正社員営業担当は、周りへの気配りと営業の事務処理業務を含めると、個人のエネルギーの6～7割をこれに投入しているのです。そのため、営業活動に投入できるエネルギーは、3割前後ではないかと思われます。

その一方で、営業代行スタッフに求められるのは、営業成果であり結果そのものです。営業代行スタッフの特性は、正社員が持たざるを得ない気配りを持つことなく、営業活動に6～7割のエネルギーを投入できるのです。正社員と営業代行スタッフが同レベルの営業能力であれば、エネルギーの集中度、営業時間の多さを考えれば、おのずと営業代行スタッフのほうが有利です。普通の営業スタッフを営業活動にだけ集中させられるのが、営業代行のメリットです。

④社員同化現象が起きる

営業代行は企業の営業活動の一部分を代行します。

正確に言えば、営業代行会社の営業スタッフが、委託企業の営業スタッフになりかわり営業活動をするのです。このとき営業代行の営業スタッフのポイントは「なりきる」ということです。

委託企業の営業担当者になりきって「私は○○企業の山田です」（各人は顔写真入り業務委託証明カードを持っている）と言い切らなければなりません。

なりきる根拠となるのは、委託企業の企業理念と基礎知識を身につけ、商品・サービスに自信を持つことから生まれる委託企業に対する愛着です。これは営業スタッフが最初に身につけなければならない必須の条件です。スポーツでも恋愛でも最初は、片思いから始まります。自分が好きにならなければ、本気になれないし、面白くもありません。

当然のことながら、長期に営業代行を実施すればするほど、営業手法が熟達し、商品・サービスの特性をより一層理解するようになります。そうなると、委託企業の営業スタッフと同等レベルまで、営業戦略の方向性、経営理念の意味まで理解を深めることになります。

これを私は社員に同化すると言って、「なりきる」ことによる社員同化現象と呼んでいます。なりきって行動すると他人ごとではなく、自分事として行動してしまうのです。営業代行としてではなく、自分のこととして自分の意思で行動、営業するのです。

この感性は、行動する者にとって素直になれる感性です。これは営業スタッフに求められるヒューマンスキルの中で、一番求められる能力です。営業スタッフが商品・サービスを提供して購入者を喜ばせられるのは、自分も購入者から喜びをもらえるからなのです。

「なりきる」ことは、「なりきる」ことによって、何かもう1つのパワーをもらえるのです。

⑤これはという営業スタッフは採用して囲い込め

委託企業の営業責任者は、営業代行の活動状況を客観的に観察します。

そして成果に直結する有効な売り方があれば、自社の営業部隊にもやらせます。いいとこ取りではありますが、営業代行ビジネスでは当然のアクションです。

さらには営業代行メンバーの中で、これはという優秀な営業スタッフがいたら、この人材を正社員として採用したいと営業代行会社に打診することができます。

もちろん、営業スタッフ本人の承諾と、若干の手数料（営業代行会社は、普通、有料紹介事業の認可を受けている）が必要ですが、採用を前提に話を進めることができます。

営業スタッフを採用する際、短時間の面談だけで人なり、営業能力を見定めるのは至難の業です。その点、営業代行メンバーからのスカウトは、普段の営業活動で営業能力、人柄などの人物像をつかむことができます。

また、営業スタッフ本人にとっても、仕事を通して、委託企業の企業体質や営業組織の実態を事前に知ることになり、入社のミスマッチも防げます。

薩摩藩の殿様、島津斉彬公が勝海舟に話した逸話で、西郷隆盛を御庭番に登用した際に、「人を用いるには急ぐものでない」と言ったことが幕末の幕臣、勝海舟の語録集『氷川清話』に載っています。人の採用は、じっくりと人物を見定める慎重さが肝心だということです。

【図表５　営業代行の特性】

1　オーダーメイドの売り方をつくりだす
・委託企業の問題解決に合わせ、プロジェクト内容と運営体制をつくる

2　営業戦力のパワーアップ
・拡販のタイミングに営業職を増強する

3　営業代行スタッフは営業だけに集中する
・社内営業やらず、訪問営業のみに専念する

4　社員同化現象がおきる
・委託企業の営業担当になりきる営業スタイル

5　これはという営業スタッフは採用して囲い込め
・有能な営業代行スタッフは正社員へ

営業代行を成功させるためには

①勝つも負けるもＳＶ（現場責任者）次第

誰をＳＶにするかが勝負。誰が現場を仕切るかによって、結果は全然違ったものになります。

②勢いは立合いによって決まる

「善く戦うものは、これを勢いに求めて人に責（もと）めず（勢篇）」と古代中国の兵法家孫子が２５００前に言っています。戦いには勢いが大切です。

③日頃のコミュニケーションがトラブル解消の肝

お客さんと営業スタッフは、日頃の人間関係があってこそトラブル拡大を防止できます。

④見落とすな！　トラブルには必ず予兆がある

ＳＶは日頃から営業スタッフに気さくに話ができ、気になる動きがあれば速やかに情報が集まる信頼関係をつくっておきましょう。

⑤定期的にプロジェクト現場の監査をする

チェックシートとプロジェクト活動報告書の提出

⑥不正を起こさない環境づくり

営業プロジェクトは、目標数値の達成に向けて活動します。

営業スタッフは、成約件数という成果を追いかけます。しかも活動期間が限定されているため、毎月の予算達成の重圧がのしかかってきます。このような営業環境は、全企業の営業部が宿命的に持っている現実です。営業スタッフも人間であり、弱い部分を持っています。まれに、ついつい不正を働いてまでして、売上をつくる者が出てくることがあります。例えば、申込書の偽造などです。

営業組織としては、何としてもこれを防がなければなりません。

予防対策としては、まず営業スタッフが不正を起こさない環境づくりが大切です。リスクヘッジ防止の基本は、営業同士のコミュニケーションです。毎日の朝礼、終礼の中で、お互いの営業活動を報告しあうのです。営業スタッフを孤立させてはいけません。この環境づくりはＳＶの役割です。

そして、再確認するチェック体制をつくることです。

オーダー処理の仕組みとして、申込書の受付処理をする前に再確認するのです。

事務処理担当が電話で、申込者本人にお礼の挨拶を兼ねて、申し込みの再確認をするのです。これによって、ほとんどの不正は事前に発覚します。

さらには定期的に情報保護研修を実施し、情報保護厳守を体にしみ込ませましょう。オーダー受注票は、まさに外部に漏れてはならない個人情報が書き込まれています。取り扱いには特に注意を払う必要があります。

第2章　立て直し6つの法則

1　立て直しは誰が軸になるかによって決まる

営業部は司令塔の人物次第で組織の動きが変わる

立て直しは、事業活動だけに言えることではありません。人の人生のやり直しにも言えることです。

人にはそれぞれの人生ドラマがあります。苦しいときも前向きな意志を持つことによって、その苦境から脱出します。

しかし人生というものは、社会や関係者を引きずり込みながらも、どっちに転んでも死によって自己完結します。これはよい悪いではなく、1個の生命体としての事実です。

事業活動はそうはいきません。会社に所属する多くの人の人生、生活がかかっています。そう簡単に会社を潰すわけにはいきません。

つまり組織に関わる多くの人の思惑、思念が練りこめられているのです。その思惑は、十人十色で収拾できないほどの情念で渦巻いています。その情念は、関わることには強い意志を持ちますが、判断、方向性を決める意思決定には無責任な態度を取ります。これは仕方がないことです。

一般社員は、そもそも事業の将来、方向性について深く考えてはいません。

これを考えるのは、社長を中心とした経営幹部です。ですからこのメンバーが必死に事業戦略、業績向上の施策を考えるというのは当たり前です。

まして、業績悪化で事業低迷しているという状況では、このメンバーの舵取りは極めて重要です。その際、誰がこのメンバーの軸となって現状改革を強力に推し進めるかです。

さらに言えば、この軸になる人材の覚悟と信念次第で、立て直しをやり遂げることができるかどうかが決まるのです。

軸となる人材は誰かを決めろ

立て直しの軸になる人材は、複数でも構いません。

もちろん1人のスーパースターがいて、作戦立案から運営指揮まで一手に受け持ち、朝礼、終礼の実施、朝8時から夜の9時まで、月曜から金曜日までびっしりと営業現場に張りつければベストですが、そんな人は少ないと思います。

軸となる人材のイメージは、営業部の現場にぴっちりと張りついて、常に全体の情勢をつかんでいる人材です。そして営業動向を的確に抑えて、状況対応した有効な指示が出せる司令塔の役割を果たせる人物なのです。

ビジネスの仕組みは、実行可能であることをベースに組み立てます。そして、その中でベストな営業ルーティンをどうこなすかがポイントになります。

実際の軸メンバーは、社長のほかに営業幹部3～4人もいれば循環していくと思います。この幹部もそれぞれ個性を持っているので、各人のよい個性を発揮してもらいます。

営業は人間社会で繰り広げられるものです。仕事の中で自分らしさを発揮できることは、営業冥利に尽きる無上の喜びです。しかし、この要素が強すぎてしまうと、個性が前面に出すぎて、営業全体のマネジメントとしては、統一性を欠くことになります。

そこで運営ルーティンを徹底させるためには、基本的に実行しなければいけない運営マニュアルを整備し示達しておくことです。そして、これを複数名の営業幹部で運営することによって、おのずと絞り込まれるように営業リーダーがあぶり出されてくるはず。

この時間をかけた人選は、営業部の営業メンバー全員が納得するリーダーの誕生に結びつくことになります。このリーダーが誕生した暁には、まさにV字回復の兆しは実感に変わってきているでしょう。

次に、一般的なケースとして、軸になる人材によってどう営業組織が変化するかを説明します。

《軸となる人材①》社員の営業部長が指揮を執る場合

このケースは、営業部においては一般的な体制です。

ここで重要なのは、この営業部長が軸になれる人材かということです。営業部長＝「軸人材」ということではありません。

軸になれる営業部長は、戦術がつくれ、その作戦を実際に実行させることのできる人望も兼ね備えた人材です。そう簡単には見つかりません。

そこで最初はポテンシャリティ含みの人材を抜擢し、実践して組織で育てていくしかありません。もちろん本人のやる気や、期待された立場に対する責任感があることは大前提です。

今は立て直しを成功させなければならない状況です。

毎日朝8時から夜9時まで現場に張りついて、昼間は同行営業を含めた現場マネジメントが遂行できる人材です。現実にはそんな体力を持った人は少ないです。

実際の軸機能を遂行するためには、営業部長以外の複数の営業幹部との協力体制があってのことです。このメンバーの協力があってこそ軸機能が維持できるのです。

本当の営業リーダーはそうこうするうちに出現してくるものです。職場のニーズがしかるべき営業リーダーを誕生させるのです。それが現営業部長なのか、新たな人材なのかはわかりません。

立て直しを迫られている時期には、軸になる営業部長はいません。当たり前です。いればこのような状況になっていません。

営業部全体でそういう人材を探し続けるのです。

人間は変わっていきます、それもよくも悪くもです。ベストは、現営業部長が意志をもって自己改造に取り組み、信頼される営業部長に成り上がることです。そうなれば周りの営業スタッフも支援するでしょう。

信頼される営業部長は、営業スタッフ全員の能力を結集させることができます。そして結果を出させて立て直しを達成できる営業リーダーです。

《軸になる人材②》社長が営業本部長をやり、営業顧問がサポートする場合

社長は企業の中心軸です。営業部の軸は営業部長です。

会社が潰れそうな状況のとき、営業部の立て直しを迫られたとき、社長が現場に下りてきて営業本部長の任に就くことがあります。まさにこのケースはそれにあたります。

また営業顧問が作戦参謀のような役割を演じる体制です。この体制は一見よさそうですが、大きな欠陥をはらんでいます。

なぜならば、ここには営業部隊が密接に絡んでいません。業績アップは営業スタッフが実践して勝ち取るものです。これは、その営業スタッフのモチベーションアップに直接働きかける仕組みになっていません。

有効な戦術的な解決策なりがつくられても、実行部隊との連携が今一つ醸成できないのです。まさに作戦倒れになってしまう可能性を秘めている体制です。

この体制でのポイントは、どれだけ営業本部に営業部長を引きずり込めるかが勝負です。つまり作戦をつくる側と、その作戦を実行する側がどれだけ密な関係がつくれるかということです。ここでも営業部長の存在の重要さが指摘できます。

現実問題として、社長が営業本部長をやったとしても、べったりと現場に張りつくわけにはい

きません。

社長には対外的な役割を含めた繁雑な業務があります。社長が前線に出ることは、営業部にとっては心強い姿勢を感じますが、物理的に現場業務に専念することは不可能です。

そうなると、どうしても営業部長の存在が問われてくるのです。まさに実際に現場指揮を執って営業部隊を業績アップに向けて動かすことのできる人材です。

とはいっても営業部長がいない場合、当面、複数の営業幹部は、その任を肩代わりして現場マネジメントをせざるを得ません。

そこで社長の出番になります。好き嫌いではありません重要なポイントです。社長はこれらの営業幹部と濃い人間関係をつくる必要があるのです。アフター６の職場外での打ち合わせで、人間同士の理解を深めるコミュニケーションの場を持ちましょう。

《軸になる人材③》営業顧問が暫定的に営業部長をやり指揮を執る場合

潰れそうな会社は、営業部長が不在というケースが多いです。

早い話、営業部長は、会社の行く末に失望してとっとと辞めてしまっています。

落ち目の営業部は、営業実績にしろ、営業管理にしろ、営業上のマイナス要素はすべて営業部長の責任とみなされます。

そしてその失態は、経営者に不信感を醸成させ、時間管理の締めつけになって表れてきます。

営業部長は、毎日の朝8時から夜の9時までの就業時間の励行を要求されることになります。

そんな状況下で営業の指揮を営業顧問が肩代わりした場合はどうなるか。

よい面ももちろんあります。営業顧問は、大小様々な営業ステージで、様々な実践経験を積んでいます。発想が柔軟な人材が多いです。

営業ステージは生き物です。どれ1つ取っても、同じ場面はありません。その場面を構成しているキャラクターも常に入れ替わっています。営業スタッフの発言内容、お客さんの要望内容も刻々と千変万化していきます。そこにテクノロジーの進化、インターネット、ネットワークの時空間の広がりがミックスされて、ビジネスに求められる答えは予測不可能な新しさを要求されるようになってきています。

そんなビジネス環境下では、経験、情報量、知識は有効な武器になります。営業顧問は次から次へと生まれてくる営業現場の課題を苦もなく解決できます。

また営業顧問は、営業部隊をマネジメントすることも手馴れています。さらには経営会議に出席して、社長との意思の疎通も十分で、営業課題についても共有しています。

これらのことから営業顧問は重宝されます。

しかし、営業顧問も弱みがあります。年齢から来る体力の衰えです。普通、顧問の年齢は60～70代でしょう。

朝8時はよいのですが、毎日夜9時までは無理があります。これが1週間続くわけです。

顧問にとっては体力的に非常に負荷がかかります。そうすると、おのずと顧問は7時には退社するようになります。

一般的には、営業顧問は週2～3日出社、夜6時には退社するのが普通です。そうなると、営業部長としての軸の機能が果たせません。

この事実は、じわーっと営業部隊にしみていきます。営業部隊は攻撃的な生命体です。一体感をもって市場開拓し、V字回復を果たそうという時期はなおさらで、営業顧問を営業部長の任に当たらせるには無理があります。

3か月から半年間ぐらいは、それほどの齟齬は表面化しませんが、これが長くなればなるほど、一体感に亀裂を生むことになりかねないです。

早急にこの期間を活用して、営業部長または営業部長候補を見つけることです。不自然さは長続きしません。

ベストな営業体制とは

潰れそうな会社は、当然軸になる営業部長がいません。

ですから逆に全力を挙げて、速やかに営業部長を選出して軸体制をつくる必要があります。

この軸こそが営業マネジメント機能そのものです。この機能のエンジンをフル発揮させてこそ立て直しがスピーディーに実現します。

営業部長が、軸そのものになって営業の指揮を執るのがベストですが、それが不可能であれば、先述したように、営業幹部が協力してマネジメントできるような協議機関をつくるべきです。

このような状態は非常事態です。社長は営業本部長をやり、営業顧問が段取りよく営業部と社長の橋渡し役を果たすのです。

営業顧問は、経営全般の社長アドバイザーとしての役割も果たすといいでしょう。

2　営業部は社長の感性を受け入れる営業スタッフで構成しているか

社長の価値観を理解し方向性を共有できるか

中堅企業は、会社が社長の分身です。

会社の設立、営業方針、運営は、大きく社長の考え、理念が影響しています。

この理念や考えは、色濃く社長の個性を反映しています。これは会社独特の匂いであったり、色合いであったりします。

立て直しの際には、これらの社長の属性を受け入れてもらえるかが重要な鍵になります。

人ひとり色々な思いがあります。人の思想を統制するというどこかの国のような非人間的な条件を要求しているのではありません。

社長の全人格を受け入れ、一体となって立て直しを推進することを強要しているわけでもありません。社長の価値観といても、社長の個人的な思想、宗教観まで受け入れろというのではありません。

ここで重要なのは、営業スタッフ各人はこの会社の立て直しに、積極的に参加する意志を持っているのかどうかを確認したいのです。社長の価値観を承認し、みんなとベクトルを合わせて立て直しをするつもりがあるのかどうかです。ここでいう社長の価値観は、あくまで会社運営に関わる価値観と人間的な感性です。

くれぐれも注意してほしいことは、社長も会社も嫌いだけど、転職するのが面倒くさくて、とりあえず在籍していようかという社員がいることです。こんな社員はお互いのためになりません。速やかに去ってもらってください。

さらに最悪なメンバーは、このような状況になると、会社に反旗を翻し、何かと改革案に反対のエネルギーを燃え上がらせる一群のメンバーです。こういう連中は、今やっている仕事は好きだけど、経営者や経営者の方針、考えが大嫌いというメンバーです。

そして、自分たちの置かれている反主流の立場から脱出するために、何とか主流勢力を転覆しようと日夜画策しています。

それが、経営陣から改革案を提示されたときに、反対発言となって間欠泉のように一気に噴き出すのです。なかなか厄介なメンバーです。このようなメンバーを放置したまま、立て直しをすることは、結果の見えた不毛な事業運営になります。速やかに退席してもらうシナリオを組む必要があります。

立て直しはサバイバルです。生き延びようとする行為です。綺麗事だけではできません。もしできなければ、反対に経営者が経営の失策責任を取って、組織から放逐されるか、自分を信じてついてきてくれた、多くの社員を引きずり込んで会社を潰すことになるのです。

立て直しは、最低でも方向性を共有できるメンバーでやることが必須です。

立て直しは、全員が後ろ向きのエネルギーを発することなく、協力体制を組むことです。

営業幹部は社長の分身

社長は、営業幹部と定期的にコミュニケーションを取り、方向性、戦略、戦術を共有する必要があります。

ここで必要なのが、人間的付き合いの中身を濃いものにすることです。オフィスでの打ち合わせだけでなく、月に1～2度はビールを飲みながらの交流を持ちましょう。

立て直しは、この営業幹部メンバーにその気になってもらわなければ事は成就しません。アフター6の交流の中で、社長は自分の事業ビジョンを語り、立て直しに対する強い思いを伝えるべきです。

しかし、調子に乗って政治に関する思いや、宗教的に片寄りのある考えは、営業スタッフ、営業幹部に押しつけないことです。

哲学とかイデオロギーは様々ありますが、こんなもの「自分はこう思います」っていう程度のものです。人には人の人生があり、価値観があります。仕事以外の考えで、いくら自分がいいと思う考えがあっても、押しつければ押しつけるほど、マイナスのエネルギーを発生させるだけです。

そんなことより営業スタッフ、幹部メンバーとは、立て直しのために頑張ってもらうことを前提に、意識のすり合わせをしましょう。

まさに営業幹部には、社長の分身になって現場の部下を鼓舞して、目標達成のために邁進してもらいましょう。営業幹部の面々は、感性を共有できるメンバーです。会社立て直しのために奮闘してくれる社長の意志が、理解できる仲間です。

社長の個人的な思い、見解は、これまでの人生の長い時間を共に過ごして、社長と肝胆相照らす少数の個人的な仲間との会話で、お互いに放談しあう程度でいいのです。

営業の立て直しは、会社の現状を立て直すことです。まずはこの1点にポイントを絞り込んで、営業幹部に協力を仰ぐことです。

《ある会社の営業部イメージ事例》

これはある中堅企業の営業部を想定したイメージ事例です。

社長の中村は、営業の中川を呼んだ。

「中川さん、ちょっといいですか」

2人は営業部の事務所の入口すぐそばにある、パーテーションで囲われた打ち合わせブースに消えていった。

2人が席に着いたと思われたが、中川がブースの影から姿を見せて「山田！　時間ある？」と、声をかけて手招きをした。

山田はすぐ席を立つと、その言葉に吸い込まれるようにブースに消えた。

中川は話の内容が、いつも山田と話している組織改革のことだと知って山田にも同席してもらいたいと思い、声をかけたのだ。

社長の中村は2人を前にして話し始めた。

「チーム分けの提案だけど、もっともだと思うよ。17人の営業スタッフを4チームに分けて4〜5人をチームリーダーが管理するってことだよねー」

「その1つを私が見ますよ。メンバーは新人のA君と3年目のBさん、それにあと1人をお願いしたいと思っています」

中川は強い視線で話しかけた。

そばにいる山田は、終始だまったままだが、ときおり中川を支持するように視線を送っていた。

中川は40歳代後半で営業メンバーの中でトップの成績を上げていた。

すでにA、B両名の営業サポートは自主的にやっており、社長もその事実を知っていた。

「中川さんのお気持ちはよーくわかります。しかし以前、同じような組織編成をやったことがあるんですよ。ま~結果は、残念ですが期待したものではありませんでした。

というわけで1年半前にその組織体制を解体して、営業スタッフ個々人が自主的に活動する体制に変えたのです。その直後ですよー。中川さんが入社されたのは。

そこで中川さんは、個人商店の集まりのような組織に疑問を待たれたのだと思いますが、同じ轍を踏まないためにも、ここは少し考えさせてください」

とさらりとかわした。

ここで打ち合わせは終わった。社長は最後に、中川に検討する旨を再度伝えて、山田に「何か言うことはないか」と意見を求めた。山田は大きく首を横に振り、特にない意志を伝えた。

もちろん営業部長はいるが、この営業部長はチーム制を敷いていた当時の部長とは違い、新たに外部から採用した部長でした。名前は田中といい、派遣業界での営業経験は長かった。

この営業部長は、当然ながら社長の意向を受け入れて、営業部17名の営業スタッフを一括管理していた。そして個々人の個性、営業能力を前提に活動ポイントを捉えて指導していた。

この話はすでに中川から聞いており、社長にも事前に小耳に入れていた。

そんなこともあり、朝一番の朝礼の前に中川から社長に相談したいことがあるとの申し出があったので、このような流れになったのだ。

当日、社長は社長室に営業部長の田中を呼んだ。

「今日さっそく中川が声をかけてきたよ。山田も同席していたんだけどねー」

なぜか、やれやれという気だるそうな口調で話はじめました。

「3年前と営業メンバーは違うけど、どんなもんだろうねー」

田中は3チームを発足させた当時は知らないけれど、チームを解消したときには入社していた。前任の営業部長との引継ぎもあり、事情は十分承知している。

しかし、それ以前に中村社長は、辛い体験をしていた。7年前に腹心の営業部長が、社長と意見の対立から主要営業幹部を連れ立って集団退職をするということを起こしていた。これは社長のトラウマとなって消えることのない事件だった。

この引っ掛かりが心の深層にあり、それに1年半前のチーム解消案件が重なり、妙な心理状態になっていたのだ。

田中はおもむろに話し始めた。

「以前、社長に報告したように、この話はあくまで中川の希望的な構想なんです。

しかしこれを言い出してから3～4か月経っていて、チームメンバーにしようと考えているA、B2人にもすでに話をしています。

そんなこともあり引っ込みのつかない状況になってるんじゃないかと思われます。

どっちにしても結論を早めに出したほうがいいと思います。

最近では、この案が通らなければ「こんな会社は見限って辞める！」って言ってるようです」

ほんの少し間があいて、社長がポツリと言った。

「確かに中川は営業としては力がある。

しかし、性格的には独りよがりなところがあるよねー。

2～3人ぐらいのメンバーであれば管理は可能だろうけど、彼独特の営業のやり方で暴走して、営業部で決定した営業手法は、無視するだろうねー」

「だけど売上アップにつながるチームプレーを発揮してもらえればいいんじゃないですか。確かに多少のリスクは感じられますが」

田中の返しに、社長は即答しなかった。


数週間後、社長は夜の9時頃帰社して、残業している営業も少ないこともあって、入り口の側のブースに田中を呼んだ。

その夜は、すでに中川は退社していた。A、Bと他数名を連れて飲みに行ったらしい。

中川の態度は社長の承諾の返答がないこともあり、だんだん硬化していっていた。

「風の噂で聞いたんだけど、中川は最近大ぴらに会社批判をしているらしいじゃないか。どうなんですか。それもA、Bだけじゃなくて他のメンバーを引き込んでわめきたててるって話じゃないか。

これって本当なの!?」

「私は、注意しているんですよー。そんなことを言ってたら、営業体がバラバラになり、まとまりが取れなくなるからやめろって強く言ってるんですが、困ったもんです」

そして一息入れて、田中はこう付け加えた。

「このまま野放しにしておくと、ろくなことはないですよ。早く社長の意志を伝えたほうがいいです」

社長は絞り出すようにしゃべり始めた。

「田中さんは私の意向は感じ取っていると思いますが、優秀な営業スタッフを、引き揚げて幹部候補生の道筋をつけるか否かは組織にとってそう簡単なもんじゃありません。

一営業プレーヤーとしての立場であれば、売上額、利益率のよさが評価のすべてです。

しかし、営業の中堅幹部になり部下をマネジメントするようになると、営業組織に大きな影響力を与えるパワーを持つようになります」

ここでコーヒーを一口飲むと、

「田中さんもご承知のように、私は過去に、といっても7年前ですが、営業組織の分裂を体験しています。嫌な体験です。

こんな体験は一度で十分です。

今回、嫌な予感がするんですよー。

中川はそこまでのシナリオは、考えてはいないと思いますが、マイナーな動きが大きくなれば、時として急激な変化を生み、組織を分裂させる動きに発展する可能性があります」

そこまで話すとまたコーヒーを一口飲んだ。そして苦しそうにこう話し始めた。

「7年前組織が分裂し、営業幹部とその仲間たちがいっぺんに辞めたのは、結局は私と彼らが理解しあうことができなかったからです。

人と人が本音のところで理解しあうことができなかったのです。

それが営業方針、営業戦略において誤差を生み、折り合いのつかない結末を迎えるのです。

結局は、理屈ではありません。相性なのです。

この会社は、みんなの会社であるとともに、私の会社でもあるのです。会社は、社員のみんなに支えられて存立していますが、私が最大の責任者であり、私そのものでもあるのです。

まさに、社員の生活権を握っている責任者なのです。ですから私は、私が私であることを放棄できないのです。

もちろん自分を捨てて組織を活かすという人もいます。社長といっても人それぞれです。

しかし私は、私を理解してくれる人とでないと一緒に仕事ができないのです。

そして7年前、営業の半数が辞めていきましたが、今回は同じような状況にしたくないのです」

田中が話を遮るようにして割り込んできた。

「中川を外すということですか。中川の提案を却下するということですか。

たしかに奴は癖のある営業ですが、現実にはトップセールスです。

売上に大きな影響が出てきますよ。この立て直しの時期は、多少意見や感性が違っても売上中心の体制でいいんじゃないですか」

社長は、脱力した笑みを浮かべながら、

「このあたりのことは田中さんにはわかりづらいと思います。

私は実際に経験していますから直感的にわかるのです。

これから不満を持った中川はもっと先鋭化していくと思います。みんなを巻き込むことに必死になると思います。

そうするとまずい状況が生まれてきます」

「中川が反社長勢力なっていくということですか」

「そうです。ここで一番気になるのが、中川の感性です。

彼は日頃から私の考えにいつも反対します。

彼も感じていると思いますが、彼とは相性が悪いのです。

話の内容以前に、気持ちをわかり合える感性を持ち合わせていないのです」

「じゃあ、なんで採用したんですか」

「入社前の採用面接で、かなり営業力がある人材であることがわかりました。

営業センスが抜群でした。頭の切れがよくて、先天的な人たらしの才能を持っていました。

一見馴れ馴れしくて憎めない雰囲気を醸し出していました。

ご承知のように、入社するとすぐにその頭角を現し、あっという間にトップセールスにのし上がりました。彼は業界営業の経験者ではないにもかかわらずですよ。

しかし、自分との感性のずれは見抜けませんでした。

私も彼の相手に合わせた軽妙なやり取りに引きずり込まれて、なんら違和感を感じませんでした。失敗でした」

「そりゃー仕方がありませんよ。彼の真骨頂にまともに直撃されたんでしょう。

しかし時間というのは怖いですねー。中川も入社してすでに1年になろうとしています。彼の素の性格がでてきますよねー」

田中は、中川の顔を思い浮かべながら、彼の提案そのものは、ごく自然な発想で、営業体にとっても成長が見込まれる提案だと捉えていた。

だからこそ社長に上申していたのだ。だが、ここに至っては内容の問題ではなく、性格、感性、相性、好き嫌いのレベルの話になった。

これをレベルの低い、器の小さな話として、簡単に切り捨てることはできないことに気づいた。

組織といっても最終判断は、トップの人間による判断だ。

生臭くもシンプルにわかりやすい。

でなければ中小企業のトップはやってはいられないものなのだろう。

「今後の読みは、社長の判断に委ねるほかありません。私は社長の決断に従います」

と田中は言った。

「まーどっちにしても、一度中川と話さなければいけませんねー」

こう言うと、社長は事務所を後にした。

数日後、月一度の定例会議が開催された。

中小企業の営業会議は、大企業と違って、営業部員全員が出席する。

月一度の営業会議は、予算を達成している営業スタッフにとっては、まさに営業幹部に公の場で褒めてもらえる晴れの舞台だ。反対に売上、利益ともに予算未達の営業スタッフにとっては辛い針のむしろとなる。

会議は社長講話から始まる。ここでの社長の話は約1時間だ。厳しい業績に対する突っ込みも必要だが、最後は元気になる、未来につながる話でなければならない。

でないと社長の愚痴を聞くだけで、営業メンバーも意気消沈してしまう。営業部は組織の推進エンジンだ。常に意欲を駆り立てる演出をして勢いを生まなければならない部署だ。

今回は、特にやる気を削ぐ話ではなかった。

次は営業部長の田中が営業個々人に前月の営業実績と、その結果を踏まえて当月および次月以降の活動内容について発表させる。

これも毎月の恒例なので、予算達成者は褒められて、未達者は社長、営業部長、管理部長から辛辣な質問攻めに遭うことになる。

未達の営業は、ひたすら未達理由の言い訳と、できもしない当月、次月の予算達成の意欲だけを強調する。中には、予算未達であるが、しっかりしたシナリオを描いて説得力のある作戦を披露する者もいる。

そんな進行なので、いつもどおり中川は初めに発表して、労いの言葉をもらった。

そして次の営業の発表に回っていくのですが、今回は違っていた。

中川はこう続けた。

「質問してもいいですか」

営業部長の田中は、即座に「どうぞ」と発言を促した。

「営業会議もマンネリ化しているので、実績報告もいいですが、たまには要望事項とか提案事項を発表させたらいいんじゃないですか」

「中川さん何か要望事項でもあるんですか、あれば発表してください」

田中がそう返答したその刹那、社長の声が飛んできた。

「この会議は、月に一度の営業成績の報告と、私が皆さんに伝えたいメッセージ発信のステージです。

中川さんはすでに実績を出しているので、他のメンバーの話を聞くのは辛いものがあるでしょう。気持ちはわかりますが、要望や、提案事項については、逐次、まずは営業部長に上申し営業部内でもんでください。その結果については、田中部長から聞きます。

まっ！　そういうことで営業会議は今までのやり方で進めたいと思いますがどうですか」

中川は「わかりました」と明らかに不承不承というにおいを出しながら了承した。

そのとき意外なところから声が発せられた。中川子飼いの山田だ。

「以前から現場でくすぶっている案件について、チーム制についての社長のご見解を聞きたいと思うんですが、いかがですか」

「この件は、すでに社長は検討されています。近々に発表があると思いますのでご安心ください」

作り笑いを装った田中はこう答えて、社長の顔を見た。

社長の中村は、軽くうなずくだけで発言はしなかった。

営業会議は、従来のスケジュールに基づいて進行していった。

社長と田中はＪＲ東京駅目の前の丸ビルのレストランにいた。

「中川は相変わらず、社長批判をしていますか」

「社長批判というよりは、営業体制に対してもう我慢ならんと息巻いているんです」

「それに賛同する営業の人数は増えていますか」

「たしかに40～50代の営業スタッフは、個人商店からの脱却を図りたいという思いと、営業会議で予算未達の場合、個人攻撃を受けることに対してうんざりしている気持ちが、チーム制発足で解消されるのではないかという期待を持っているようです」

予算未達の営業スタッフは、自業自得であるが、経営幹部から矢のような正論を聞くので結構参っていた。そんな思いもあって、チーム制の殻の中に入って、心情的に隠れたいという気持ちがあるのかもしれない。

田中は、さらにこの問題を掘り下げた。

「そもそもチーム制と今回の問題は違いますよね。チーム制は営業管理の手法の１つで、誰がチームリーダーをやるかによって、チームの成績は違ってきます。

前回のチーム制がうまくいかなかったのは、単純に、各チームリーダーに、マネジメント能力がなかっただけです。

マネジメント能力は、後天的に身につけるものが多いいですが、やはり先天的なリーダー能力が大きくものを言います。

前回はその能力を持っているリーダーは１人もいなかった。各チームは実質的なリーダー不在のバラバラ状態でしたよ。

むしろ実態は今のように、営業部長が個人商店営業を管理するほうが、業績アップにつながっているのです。

ですから、チーム制はチーム組織の編成、形をつくればチーム制ができるのではなく、まずはチームをマネジメントできるリーダーにふさわしい人材がいることが先です。そう考えた場合、候補者は何人いますが、中川以外はまだ力不足ですかねー」

田中がそう言うと、社長は田中には理解してもらっている満足感もあって、少し微笑んだ表情で、話を引き継いだ。

「そうですよー、本来の問題は、チーム制案件ではありません。田中さんの言うように、問題は誰をリーダーにするかということです。早い話、中川は適任かどうかということですよー。

彼を責任ある立場に抜擢することは、営業部の今後の趨勢に大きな影響を与えることになると思います。

力があるがゆえに、営業メンバーの人心を巻き込むと、獅子身中の虫になりかねません。優秀＝幹部候補生とはなりません。

当社のような中小企業にとっては、一番大切なのは私との相性です。特に立て直しをやってV字回復を目論んでるこの時期は、一体感こそが大事な要素となります。

このタイミングで、経営幹部の施策に四の五の言うメンバーが生まれては、計画が台無しになることは火を見るより明らかです」

「ということは、このことを早々に中川へフィードバックしなければなりませんねー」

社長は大きく首を縦に振ると、

「一緒に話をしましょう。今週にでも３人が都合のいい日時を設定してください」

社長はそう言い放つと、力のこもった目線で田中を見た。

数日後、中川を交えたミーティングが、個室の商談室で行われた。

中川と社長は対峙して座り、田中は社長の横に座った。席に着くと社長が口火を切った。

「毎日の営業活動ご苦労様です。

中川さんの提案の件ですけど、今すぐは無理です。時期をずらしましょう」

中川は、なーんだと落胆の色を隠さず、

「それは、なんでなんですか」と吐き捨てた。

社長は穏やかさを装いながらこう続けた。

「中川さんがチームリーダーになってチームを管理するのであれば、他のメンバーもチーム体制にして管理してもらったほうがいいと思ったのですが、残念ですが、チームリーダーに適任の人材がいません。もちろん、ずーっということではないんですが、人材が育つまでには若干の時間がかかるでしょう」

一呼吸を置いて社長は、

「私も色々考えてみました。残念ですがこれが結論です。よろしいですか」

と念押しをした。

中川は短く小さな声で「わかりました」といい席をたった。

それから数日、何事もなかったような日々が続きましたが、ある日、中川は辞表を提出して会社を去っていった。彼が子飼いとして可愛がっていたA、Bは、辞めることなく、ほかのメンバーに溶け込んだ毎日を送っている。

3 立て直しを楽しもう

仕事を楽しむってどういうこと

皆さんもご承知のように、仕事を楽しむって簡単なことではありません。普通は辛いものです。なぜって、仕事だからです。仕事は自然の動きじゃない。極めて意識的な行為です。

仕事をやる動機として、人間である以前に動物として生きなければならないからです。動物は生命体として呼吸を通じて酸素を体内に取り込み、食料として他の生命体のエネルギーを取り込み、自分のエネルギーを生みだしています。

これは動物が生きるためにやる基本行為です。人間はほかの動物と比べて、ことのほか進化しました。家族を構成し、村や町をおこし、国という概念をつくり、その組織をもって大規模な戦争をするようになりました。その結果、大量殺戮を平気でするようになりました。これを進化というか退化というかは別として、生きることに、他の動物と違って大変なこだわりを持っています。

しかし、今のところ長生きしたとしても90歳過ぎです。みんな好き勝手なことを言ったり、やったりして無責任に死んでいきます。

これから医療が進化していくとしても、当面は死の時期は思うようにはコントロールできないでしょう。しかし今後、人間は永生不死、死なないという禁断の果実を手に入れるかもしれませんが、現時点ではわかりません。

早い話が、動物、人間は、生まれ落ちた瞬間から、社会の中で生き延びるためには食糧を手に入れなければならないのです。

そのために人間は社会という生活空間をつくり、貨幣、金銭という食糧、商品交換の仲立ちをする価値尺度をつくった。そしてその金銭を手に入れるために、仕事をした対価として金銭を受け取るという仕組みをつくったのです。

その金銭を大量に手に入れた人間は、食料以外に住宅、衣料、宝飾など、際限のない欲望を満たすことができます。

しかし現実は、圧倒的にそうでない人のほうが多いのです。そのような事実だけを引っ張り出すと、楽しい要素はどこにも見当たりません。

仕事はやっぱり楽しくないのでしょうか。

思いようで人生はどうにでも変わる

これから先は思いようで、人生はどうにでも変わるという話をします。

例えばホームレスの皆さんは楽しくないのか、これはわかりません。私も若い頃アフリカ放浪をしていたとき、そんな生活をしていた一時期があります。ホームレスの人たちにも、色々な思いがあると思います。余計なお世話です。

ただ言えることは、飯を食わずには生きてはいけないということです。生命体の掟です。後は、無限大の妄想の世界に入ります。妄想が現実になる人もいれば、何1つ夢が叶わない人もいます。

しかし、みんな毎日飯を食いながら生き続けています。これだけは外せません。それ以外は、犯罪や社会的制裁を受けないことであれば、どんな妄想にトチ狂ったって構わないのです。

ですから自分の内側から湧いてくる、とんでもない妄想にトチ狂いながら仕事をしましょう。楽しいと思いませんか。そう、間違いなく本人は楽しいのです。そしてどういうわけか、思いは実現します。楽しく仕事をしているおかげで、気持ちの入りよう、エネルギーの発散は、プラス思考に満ち満ちているはずです。どうせ仕事するなら、楽しくやったほうがいいってことです。

人はそんな人と関わりを持つと、協力をしたくなるものです。

だからあえて言います。どうせ仕事をやるのなら、仕事を楽しんでください。

ついでに営業を楽しんで会社を立て直してください。

参考までに私の営業観『セールスコスモス』を紹介しておきます。

【図表6　セールスコスモス】

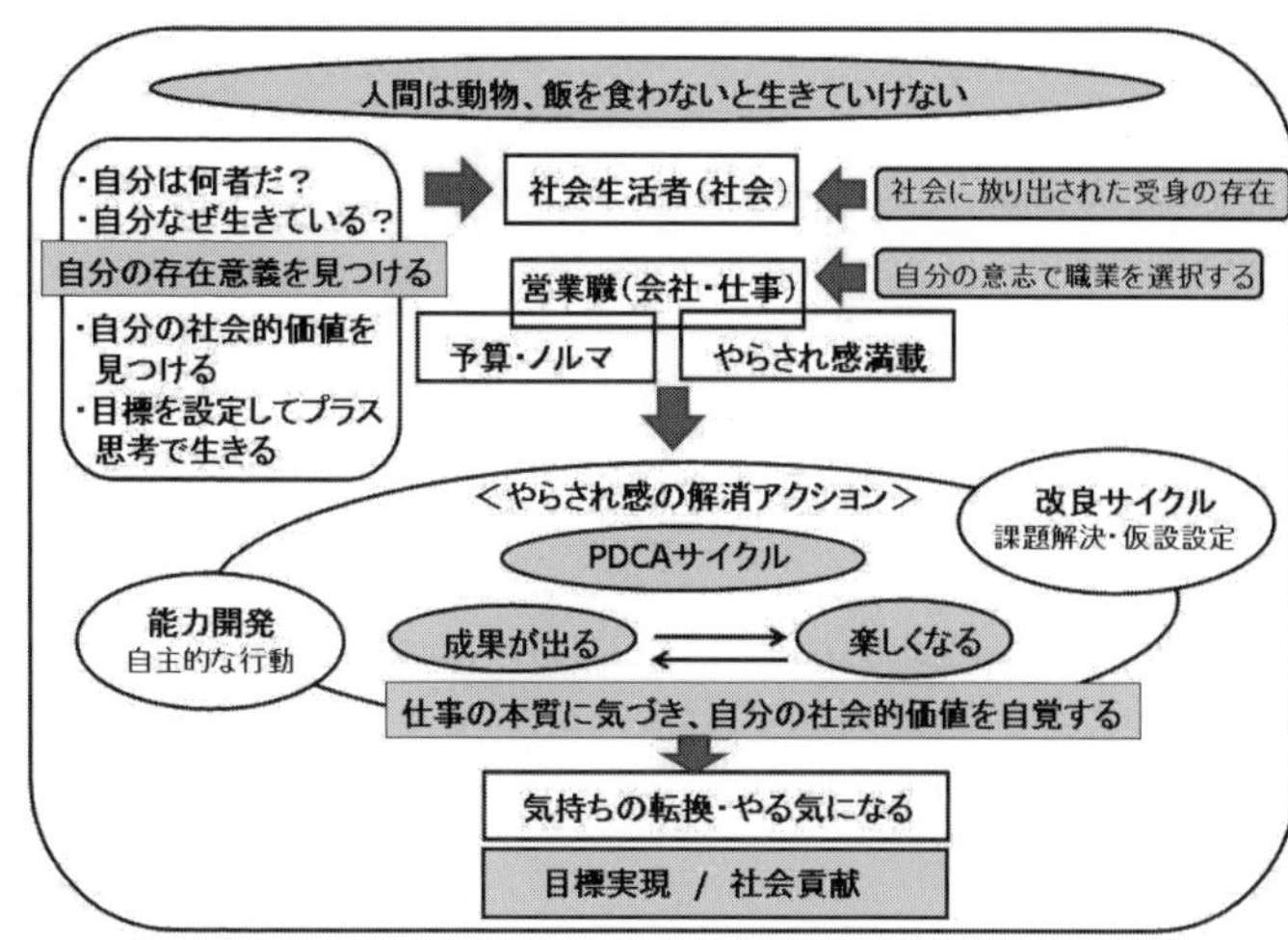

営業は科学的なゲームだ

ロジェ・カイヨワというフランスの社会学者（1913～1978年）がいました。

カイヨワは彼の著書『遊びと人間』の中で、遊びの特性をマトリックスで分析しています。

カイヨワは『遊びは、はじめと終わりのある時間軸を持ち、競争があり、運をともない、役を演じ、そして結果に対して一喜一憂する要素がある』と主観的な意味づけをしています。

これらの要素は営業にも共通しています。

営業は予算目標を設定して、その目標を達成するために競合他社の行動、マーケット環境の状況などを科学的に分析し、作戦遂行する知的ゲームです。

営業活動は、原則的には「こうやれ」という強制要素がないのが基本です。

どんな方法（非合法は不可）、アプローチで

【図表7　ロジェ・カイヨワの『遊び』の分類】

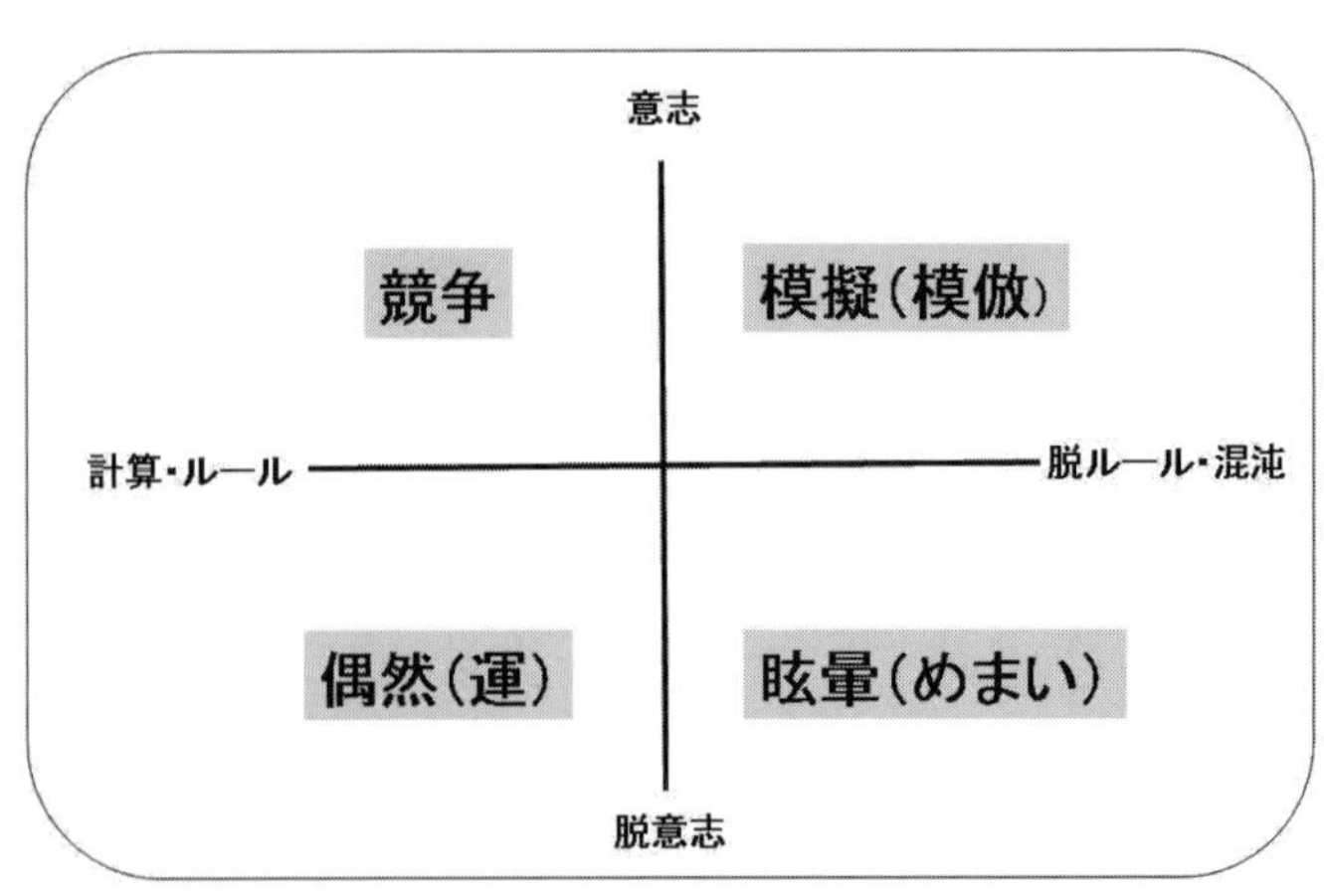

あろうと、目標を達成すればよいのです。

私が「営業は科学的ゲームである」というのは、カイヨワの遊びの定義からヒントを得ています。

営業は深刻に捉えるのではなく、「営業ごっこ」なのです。

これからの営業は、積極的に「興奮する遊び」の要素を取り入れる必要があります。

営業環境はマーケットを動かす動的情報であふれています。営業を従来からの閉塞したトップダウンの考えから解放しましょう。

もっと営業スタッフが、自律的にワクワクするエネルギーが出るようなやり方に変えましょう。

ゲームに勝利するとより楽しくなるのですから。湧き出るワクワク感でマーケットという器を満ちあふれさせ、お客さんを喜ばせるという成果を出して営業を楽しみましょう。

面白くなきゃ営業じゃない！

営業活動は、この視点を持ってなきゃ、何のエネルギーも解決策も出てきゃしない。人間の行動は、不思議なもので苦しいとかつらいとかを感じて仕事をしていると、いつまで経ってもその状況から抜け出せません。

事業活動は、たくさんの人たちを巻き込んでの生活に直結する事業ゲームです。これを何としても充実、発展させたいです。

だから、その基盤となる会社を潰すわけにはいかないのです。

そのためには、厳しい現実はそのまま受け入れながらも、前向きな気持ちを持ちましょう。事業活動の大変さをマイナスに受け止めるのではなく、むしろプラスに受け止めるのです。

プラスに受け止めるというのは、楽しいと思うことです。とりわけ大変な立て直しの営業活動を、楽しくてたまらないものにしなければなりません。

楽しい状況は、思うだけでは長続きしません。

ゲーム性を盛り込み、みんなで盛り上がるように仕掛けていきましょう。

ここでのゲームのポイントは、営業メンバーに一律なルールで統一するのは、うまいやり方ではありません。

あくまで営業スタッフの現状の実力に合わせて成果を出してもらうのです。

営業スタッフの個々の能力は違います。ゲームは期間を設定して行います。この期間内に、営業スタッフ別の実力に合わせた数値目標を設定するのです。

個々の数値目標はバラバラになりますが、トータルな数値目標は、営業部全体の底上げにつながる目標数値になっているというのがミソです。

営業キャンペーンをやって盛りあげる

期間限定の営業キャンペーンを実施しましょう。

キャンペーンを実施することによって、営業がゲームである面白さを感じさせるのです。

キャンペーン内容は、営業活動で喫緊に達成したい目標に数値目標を設定して実施するのです。会社にとっても、営業スタッフにとってもウインウインです。

期間は1~2か月がいいでしょう。賞金の額は、5000円から10万円の幅があってもいいでしょう。

キャンペーンはやる以上は、盛りあがって営業全員が一喜一憂するような演出が必要です。楽しく競う中に健全な営業に対する自発性か生まれることを期待したいものです。

キャンペーンの注意点は、数値目標の設定です。この手のキャンペーンは、実施する以上はその該当者が出なければやる意味がありません。

そのため数値目標は、実現可能な数値を設定することです。営業全員が参加できる数値目標と、頑張りを必要とするが、決して達成不可能ではない数値目標を設定することです。

賞金は達成度合いに合わせて高くなりますが、法外なものでなくても、魅力的な金額を出さなければゲームは始まりません。どうせならゲームには、ワクワク感と射幸心という幸福を得たいという心理を刺激する要素を盛り込みたいです。

また営業メンバーの実力を正確に把握しておくことです。決して、願望を濃密に盛り込んだ、こうあってほしいという数値は設定しないことです。

なぜなら誰も達成できません。

営業スタッフの実力を度外視した願望てんこ盛りの数値目標は、企画する側の気持ちは伝わりますが、プレーヤーにとっては達成意欲を削ぐものになります。また、達成者が出ずに、キャンペーンは尻すぼみになります。

当たり前です。営業の能力は急激には伸びません。成果の出せる能力が身につくには、少なからず1年から1年半は最低かかります。それを計算に入れなければ、ただの願望です。願望はすぐに実績に結びつかないのです。

実際にはキャンペーンをやっても、１人も対象者が出ないケースもあります。その際は、次回のキャンペーンは、現実的な数値目標を設定しましょう。

キャンペーンの盛り上がりは、達成者が続出して初めて盛り上がるものです。

ぜひ達成可能な数値を設定しましょう。キャンペーンはモチベーションや営業部全体の勢いに直結する施策であることを十分意識してください。

あくまでも頑張れば達成できる目標を設定することが、営業スタッフを引き込むコツです。

営業スタッフとのコミュニケーションが大事だ

営業スタッフのモチベーションは、仕事の話だけでは盛り上がりません。たまには就業後アフター6以降に懇親会をやることも必要です。営業現場の意見や気持ちを吸い上げて経営に反映させなければいけません。もちろん長時間やる必要はありません。

営業部がつくる勢いは、理屈では発生しません。気持ちのベクトルを合わせることによって発生するものです。人間の持つ複雑な思いが、酒食を伴うことによって融合するのです。

これは一見時代がかった慣習に見えますが、人間という動物が持っている弱み強みを融和させる儀式でもあるのです。そう割り切ると、何かのよい機会を捉えてこの儀式を実施することは、きわめて有効なムードづくりにつながります。

しかし最近は、コンピュータの出現により以前より直接的なコミュニケーションの機会が少なくなってきています。コンピュータでの情報確認や情報収集、メールによる一方的な情報伝達などで、面と向かってコミュニケーションを取る必要がなくなってきているのです。

当然、職場でのコミュニケーションは希薄になってきています。

さらにアフター6以降の親睦会の参加は、若手メンバーには意に添わない拘束時間と感じるらしく、露骨に敬遠されることが多いということです。そんなわけで積極的には参加しないことがトレンドです。

しかし、今回のテーマは潰れそうな会社の立て直しです。それも営業部隊70人以下の中堅企業が対象です。低迷した売上、利益をV字回復させることです。基本姿勢は、そんなこと言ってる場合ではありません。

全員で一体感を醸成し、V字回復に向けて楽しく営業をするためにも、アフター6のコミュニケーションをおすすめします。

4　逆算の発想で、しっかりした立て直し達成のイメージを持とう

①逆算の発想で行動を見直し、現状とのギャップを埋める

現状をいくら分析しても、どう立て直したいのをはっきりさせないと、現状とのギャップは埋まりません。

そのギャップを埋めるためには、営業部は立て直しの数値目標を設定し、どうやって段階的に達成させるかの作戦を立てて、営業スタッフが一体となって同じ方向性で取り組むしかありません。

会社は、事業ビジョンに基づき事業目標の達成に向けて活動します。

目標は次の目標に発展し、事業規模も広がります。売上もそれに伴い増大し、活動範囲も拡大します。

これはマーケットニーズに応えて、適切なサービスを提供してきた結果です。

しかし、潰れそうになっている企業は、まるっきり逆の現象が出現します。一歩間違えば本当に潰れてしまうという状況に直面します。

この段階では、最終ビジョンの達成はちょっと横において、目先の一歩を着実に達成しなければいけません。この目先の一歩の達成が重要なのです。

まずどん底からV字回復させて、次に利益の出る損益分岐点以上（採算の取れる売上高）の売上を目指さなければなりません。立ち直っていくイメージを強く持てば、作戦シナリオもリアルに浮かび上がってくるはずです。

底打ち反転、V字回復のイメージです。もちろん試行錯誤があっての話です。

底も見えず低迷している売上を、ちょいアップの数値目標を立てて達成し続けることです。その際、営業部隊の勢いを読むことです。目先の一歩の数値目標が達成でき勢いがついてきたら、そこで目標設定を高めにし、営業体の勢いを加速させます。

営業活動の発想は、営業結果に対して常に逆算です。新しい結果を出すには、1つ前に遡った営業行動を改善するしかないのです。

営業スタッフには、設定された数値目標を達成するにはどう行動すべきかを常に考えさせます。ターゲットに絞り込む具体的な企業名、それをどんなやり方で、どんなサービス・商品を売り込むのか考えさせるのです。それも「いつまでに」結果を出すのか設定します。

逆算の発想で現状とのギャップを埋めていくのです。

そこには営業幹部のどうしたいかという強い意識と、組織コントロール力があっての話です。

願望を捨て、スピーディーに着実にギャップを埋めろ

数値目標の設定は、ついつい思い入れを反映させるものです。

「これくらいの売りは欲しい」という思いを、数値目標に押し込んでしまうのです。

人間のサガといえばそれまでですが、ビジネスはホットでかつ冷徹です。願望を盛り込んだ予算は、ただの願望予算でその予算が達成されることはありません。特に会社が潰れそうな状況では、ホットな気持ちを持ちながら、冷徹に数値を設定することです。

ここでの重要なポイントは、営業スタッフ個々人の能力に合わせた数値目標の設定です。現状の営業スタッフの営業能力に見合った現実的な予算です。

そのためには営業幹部は、営業スタッフごとに売上の根拠となるターゲット企業のあぶり出しから攻略方法までのヒヤリングをして、実現可能な売上根拠を押さえて設定しなければなりません。

数値設定が難しいスタッフについては、営業幹部はターゲット企業のあぶり出しから始まり、その攻略方法、攻略時期の設定、そのための毎日の営業活動のやり方まで指導してやらなければなりません。

営業部の立て直しは、営業スタッフの能力開発にかかっています。一般的に能力開発は時間がか

かります。それをいかにスピーディーに養成するかが立て直しの鍵です。

②仮説作戦の組み立ては、成功イメージのシナリオ化だ

数値目標が設定されれば、あとはどうやれば達成できるかの作戦づくりです。営業部全体の営業活動を示した計画案です。

数値目標は、段階的に利益が確保できるよう売上に組み込まれています。

営業スタッフ個々人の数値目標を集計したものが売上、利益予算です。それに営業活動のＫＰＩ（成果を導き出すための重点指標）を中心にした営業手法が営業作戦として示達されます。

それに基づき営業スタッフは担当市場を分析し、重点顧客ターゲットを絞り込みます。そして時間軸の中で、Ｖ字回復の成功イメージを描き、ストーリーを行動シナリオに落としていきます。

シナリオの主人公たちは営業スタッフ本人です。そして、営業スタッフが自分の持ち分に対して責任をもって演じきり、生き生きと成果を出していく場面を盛り込むのです。

この映像がカラーで見えるようになったときは、Ｖ字回復は現実のものとなっているでしょう。

このシナリオ作成の中心的役割を演じるのは営業幹部です。

営業幹部は、現状の営業スタッフの能力を正確に捉え、立て直しのキーファクターになる強化ＫＰＩ（成果を導き出すための重点指標）を何に設定するかを考えて、時間軸の中で「いつまでに」という期限を設けて、Ｖ字回復ドラマをつくらなければいけません。

これだけの条件を用意してもらって、シナリオが描けない営業幹部は、立て直しのステージでは失格です。営業部のメンバーに甚大なる迷惑をかけることは明らかです。速やかに自ら退場を宣言してください。

シナリオは現場の情勢判断によって変化していきます。営業スタッフという進化するメンバーと一緒に試行錯誤しながら、改善に改善を重ねてリアルで有効なものに仕上げていくのです。

「想像力が世界を支配する」とナポレオン・ボナパルトは言っています。

売上・利益予算

営業幹部は営業1人ひとりと面談し、実力に合った売上・利益予算をつくらせます。願望ではなく、実態に合った適正な予算を組むことが、営業スタッフのやる気につながってきます。自分で考えて決めた予算は、予算達成に向けての大きな動機づけになります。

ここでは派遣営業を例にして話を進めます。売上は派遣人数に連動しています。利益は原価率から割り出されます。原価の内訳は派遣スタッフの売上に占める社会保険を含んだ給与です。売上からこの原価を引いた数値が粗利益になります。

ここで立て直しの重要ポイントは、売上を増やすためには派遣スタッフを増やすことです。その際、適正原価率に基づいて、きっちりと利益を確保することです。そうすれば派遣スタッフが増えれば増えるほど利益も増えます。

立て直し予算は、損益分岐点売上（採算の取れる売上高）を達成するであろう時期から逆算して組み立てます。それは派遣スタッフの数で言えば、派遣スタッフの総数で何人になれば利益が出るかを算出して、現時点まで月々の派遣人数を逆算で遡るのです。つまり、立て直しは、現時点からの積み上げ予算ではなく、採算点から現時点まで逆算で組み立てる売上・利益予算です。

営業手法

営業のやり方は、３６０通りというより無限大にあります。百人百様です。

しかし営業部隊の基本的なやり方は、情勢判断に基づきＫＰＩ（成果を導き出すための重点指標）を絞って、期間を決めて実行します。営業活動の中の何を重点強化の指標にするかを絞り込むのです。例えば、新規顧客へのアポイント件数、訪問件数、提案書提出件数、プレゼンテーション実施件数、見積書提出件数など具体的な指標を設定するのです。

これらの活動ファクターはすべて結果、成約を獲得するためのプロセスです。その中で結果、成約を増やすためには、どの活動ファクターが営業部全体の強化指標として最適かを決めます。

この活動ファクターの件数増加は、確実に成約件数の増加に直結することが裏づけられたものでなければなりません。

営業スタッフは、このＫＰＩの増加を目指して、営業同士競うことになります。営業活動は、個々人のパーソナリティ、営業能力によって営業手法は様々です。

ですが、予算達成に向けての方向性と強化ＫＰＩの取組みは、営業部全体で共有します。

市場分析

営業活動のマーケットは、営業体全体でカバーする広域エリアと、営業担当が管轄する指定エリアがあります。営業スタッフが成果を出すには、広域的な視点と、絞り込んだ視点を併せ持たなければいけません。

マーケットは地域の特性とそこに住む住民、企業の歴史を持っている生き物です。

マーケットは刻々と変わり続けています。過去の事例にこだわりすぎるのは危険です。

マーケットが求めているものは、マーケットに直接働きかけて聞き出すしかありません。

さらには、自社が拡販する予定の商品、サービスは、同業他社のベンチマーキングを実施し、自社の独自性、強みをどうアピールするかを十分練り込まなければいけません。

この時期は、マーケットに合わせた成果の出るやり方（仮説）を早急に見つけましょう。そしてこれをベースに検証営業を繰り返し、改良していく必要があります。仮説を立てながら、試し営業を幾度となく実施して、検証の中からマーケットにあった最も有効な方法を見つけ出すことです。

顧客ターゲット

マーケットが生き物であれば、お客さんも生き物です。

すでに取引中の既存企業、お客さんも色々な事情を抱えています。

これから取引が大きくなるお客さんもいれば、現状は取引規模としては大きいが、今後はだんだん取引縮小が予想されるお客さんもいます。どちらとよい結びつきを持ちたいかといえば、当然今後の発展が期待さるお客さんです。

人数の限られた営業体制で売上拡大を図るためには、活動配分は均等ではなく優先順位をつけた活動が要求されます。

立て直しは、速やかな売上拡大が求められます。売上の増大が見込まれるクライアントからは、営業活動を集中して有効オーダーを数多く獲得しましょう。

さらには、現在は取引実績がないが、今後ぜひ取引を開始したいと願う新規ターゲット企業をピックアップして追いかけることも必要です。

新規ターゲット企業の開拓は、アポイントを前提とした、手間のかかる営業活動です。

しかし、ここに営業活動の原点があります。「量を抑えて、質を見つける」戦法です。急がば回れです。量は必ず質（優良な新規企業との取引）に転化します。優良なクライアントとの出会いは、息の長い商取引につながってきます。

そのためにも、新規ターゲット企業は、大手企業かその関連企業に狙いを定めましょう。

しかし、この手の企業は、派遣業界の多くの同業他社からアプローチがあり、現状ですでに数社の派遣会社を利用しています。しかも大量に派遣を受け入れています。攻略は簡単ではありませんが、大量に派遣を利用しているということであれば、派遣条件もよくて、拡販余地も大きいということです。

あえて大手企業を十数社並行して、量を抱えて追いかけるのです。早い時期にオーダーを受注し、決定成約に至るのも現実的な話です。複数の大手企業と取引が始まれば、売上高の大きい安定売上になります。

要はゲーム感覚で面白みを持って、強い意志で追いかけるのです。

大手企業を追いかけることは、一見、無謀と思われるかもしれませんが、営業能力の開発手法として極めて有効な手法です。

立て直しの時期にこそ、ぜひ大胆な営業手法を取り入れてもらいたいものです。

③仮説戦術を時系列に逆算スケジュール化する

いつまでに損益分岐点以上（採算が取れる売上高）の数値目標を達成するかを設定します。ここから単月ごとに逆算で立て直し予算を組むのです。

まずは立て直しが達成した損益分岐点を突破する時期、立て直しに向けたＶ字回復の期間、そして低迷している売上を底打ち反転させる時期を設定するのです。

派遣営業であれば、売上の構成要素は派遣人数です。営業部全体の売上高は、個々の営業スタッフの派遣中スタッフ数の合計です。

それが予算になり、立て直し達成時点から予算に合わせて、単月単位で予定派遣人数を遡りながら設定するのです。そして予算は営業スタッフごとに振り分けられます。当月、次月の派遣人数は、ほぼ正確に読むことができますが、2か月先になると、派遣終了人数を含めて派遣人数の予測は難しくなります。

ここで決まっているのは、立て直し達成の時期と、稼働人数の増加が逆算で予算に盛り込まれていることです。これに基づき個々の営業スタッフは、そのギャップを埋めるための作戦を考え行動計画に落とします。

原案は営業スタッフにつくらせますが、営業幹部のアドバイスを盛り込みます。

これは時間軸の中で、決定から遡ってスキルシートの送信数、オーダー件数、訪問件数へと活動指標の設定にまで行き着きます。

営業成果は、営業能力から生み出されます。

しかし、営業能力を一気に伸ばすことは期待できません。売上アップが、営業個々人の能力開発に比例するとなると、かなりの時間がかかることが予想されます。

営業幹部の出番です。能力開発は、時間をかければいいというものではありません。

ポイントは、営業スタッフ本人の意識の高さと能力開発プログラムの内容です。

営業スタッフは、自分たちの置かれている状況から「自分事」として捉えて能力開発を実行してもらいます。

そのためにも社長を筆頭に営業幹部は、営業スタッフとの人間関係づくりを意識的に実行しなければいけません。営業スタッフとのコミュニケーションは、お互いの信頼をベースとしたものでなければなりません。

この信頼関係は、一朝一夕にはつくることはできません。人間対人間の心のふれあいです。そして信頼関係は一体感にも通じるものです。この関係を醸成するには、日頃の仲間意識、アフター６の職場以外での交流も必須の条件として盛り込む必要があります。集中した時間と経費もかかります。

立て直しの時期です。平常時ではありません。いくらいい立て直しシナリオをつくっても、営業スタッフにその気になってもらわなければ事は始まりません。

営業スタッフは抽象論、理屈では動きません。

まさに社長が先頭になって、信頼づくりに取り組む必要があります。営業スタッフの心のエンジンに火をつけるのです。

5　現状の問題から売上・利益増大に直結する強化ＫＰＩを見つけよう

①ブレーンストーミングで問題をあぶり出す

業績が伸びないということは、そこにはそれなりの問題があります。業績を改善するためにはその原因をを突き止め、適切な解決策を打つことです。

現在抱えている問題を直視することによって、原因の本質を明らかにします。そのためには、営業部のメンバー全員でブレーンストーミングを実施し、問題をあぶり出すのです。

中小企業の営業部は、多くて20～70人です。まず、最初は営業部全員が参加し、自分事として考えさせるのです。また後で他人事のように四の五の言わせないための参加の意味もあります。しかし最終方針は、営業幹部の責任で決定します。

問題解決のためのブレーンストーミングのテーマ例は、営業のやり方、営業体制（適正人数、チーム体制）、営業個々人の能力分析、営業個々人の能力開発ポイントです。もちろんすべてのテーマをブレーンでやることはありません。この中で、これについては現場の意見を吸い上げて、有効な手法を見つけたいものに絞って実施するのが適切です。

②ブレーンストーミングをやって強化ＫＰＩ（成果を導き出すための重点指標）を見つけろ

ブレーンストーミングで検討すべき最優先テーマは、営業のやり方です。営業活動でより成果が出せる有効なやり方を見つけたいのです。それにはまず強化ＫＰＩ（成果を導き出すための重点指標）を決めることです。

このＫＰＩ件数を増やすにはどうすればよいかを検討すれば、おのずと逆算発想で、1ステップ前の活動ファクターの改善点が見えてきます。さらに2ステップ前の活動ファクターまで遡って改善します。

人材派遣業であれば営業スタッフは、どれだけ速くクライアント（お客さん）の派遣オーダー内容に合った派遣スタッフ（派遣希望で登録中）のスキルシート（簡単な職務経歴書）を、クライアントの窓口担当者に送信するかです。しかも他社に先駆けてスピーディーに提案できるかです。

ここでのＫＰＩはスキルシート送信件数です。各営業スタッフは、複数のオーダーに対応し、どれだけ多くのスキルシートを発信できるかが評価基準になります。

そのためには、スキルシート（簡単な職務経歴書）送信の直前活動ファクターである有効オーダー（スタッフが人選しやすい、時給や勤務場所などの条件のいいオーダー）をどれだけ多く獲得するかとか、有効オーダーにフィットする派遣希望スタッフを多く登録してもらう必要があります。

また、そのために募集広告の内容は、効果のある内容になっているかなどの見直しにもつながってきます。さらには、活動ファクターをもう一歩遡って有効オーダーを獲得するために、有効訪問件数を増やすための作戦検討まですることになります。

そのようなことから、ブレーンストーミングの優先順位決めによって、活動ファクターの何を強化ＫＰＩにするかを決めます。この強化ＫＰＩが直接、派遣スタッフの増大になり、売上の拡大に結びついていくのです。

営業活動は、抽象論ではありません。あくまでも行動を伴った営利活動です。しかも、誰かがやるのではなくて、リアルな実在する営業スタッフが実行するのです。

そこにはデータを根拠に、書斎で妄想にふけるマーケッターには永遠にわからない現実があります。生意気なことを口先だけで言うのではなく、「お前直接やってみろ」と言いたいです。自分では営業の実践をやったこともないくせに、営業スタッフに大口をたたく営業系コンサルタントのなんと多いことか。うんざりです。

リアルに実績を出すということは、営業現場で確実に呼吸をすることです。

③重要問題の原因分析をし解決策を練る

問題解決につながるキーファクターは、強化ＫＰＩを一番に位置づけろと言いました。このＫＰＩを量的に伸ばすことによって、成約という質が増えていきます。

派遣営業を例にとって説明しますと、業績が低迷し、潰れそうになっている会社は、一般的に営業部に問題があります。当たり前ですが、営業部が頑張って売上を伸ばし利益が確保できれば、普通は潰れることはありません。特殊な例外は、ここでは対象にしません。

営業部に問題がある場合、問題は売上の低迷です。

この課題解決は、売上低迷を改善すればいいのです。しかしそこには、現状とかくあるべき姿との間にギャップがあります。ギャップの正体は、現状を引き起こしている原因そのものです。その原因が課題を発生させている張本人です。

原因を突き止めることは問題解決にもなります。問題解決は課題解決でもあります。

そのために「何が原因なのか問題なのか」をはっきりさせれば、因果関係を辿ってギャップ解消の糸口が見つかります。

派遣営業であれば、売上が伸びない原因は、クライアントに派遣するスタッフ成約（決定）件数が少ないからです。この原因を改善するには、まさに成約（決定）件数を伸ばす要因を増やすことです。

その要因は、クライアントの派遣オーダーにフィットした派遣希望の登録スタッフのスキルシート（簡単な職務経歴書）を送信し、クライアント派遣受入れ担当者に承認をもらい、派遣成約件数を増加させるという一連の流れの中にあります。

つまりその要因は、スキルシート送信件数の少なさです。この状況を改善するためには、数多くのオーダーに合わせて、派遣希望の登録スタッフのスキルシート送信件数を増やすことが、成約件数の増加につながるのです。週1件の派遣成約（決定）件数を目指します。

このことから強化ＫＰＩはスキルシート送信件数ということがわかります。さらにはスキルシート送信件数から成約件数の確率を上げるには、継続的な見直しが必要です。成約（決定）件数は、スキルシート送信件数対比で約15〜20％です。

クライアントへのスキルシート送信件数は、有効オーダー件数対比で２００％を目指します。目安としては、1つの有効オーダーに対して、2件のスキルシートを送信します。

そのためには、派遣スタッフが見つけやすい条件のいい有効オーダーを数多く集めて、それに合った派遣スタッフを複数見つけて、速やかにスキルシートを送信するのです。それと、派遣スタッフの人選（スタッフィング）の精度を上げるために営業スタッフの能力開発が必要です。

クライアントからオーダーを正確に聞き取る知識と経験、登録スタッフのキャリア分析からオーダーがこなせるかの判断力など開発テーマは山積みです。

しかし、営業スタッフは実践をしながら学んでいきます。その必要に迫られて吸収する知識はすぐに知恵になって蓄積されます。

さらに活動ファクターを遡って、有効オーダーを増やすために、訪問件数に対して何件の有効オーダー件数を獲得するかの指標も設定しておくべきです。例えば新規、既存企業を含めて訪問件数は1日3～4件、1か月合計70件などと指標を設定します。その訪問件数総数に対して有効オーダー件数は、30％目安に獲得しようという具合です。

スキルシートの送信件数の増加は、同時に課題解決の取組みになるのです。

また課題解決には、原因と課題の因果関係を追及する必要があります。

そのためにも活動ファクターの逆算、遡って因果関係を見定めることが必要です。

改善案については、仮説としての原因を前提としたものなので、多少のコストがかかっても実行、検証してみることです。

営業は、やってみなければわからないことがたくさんあります。営業は試しながら少しずつ進化していくのです。

【図表８　派遣営業のKPI 推移モデル】

	訪問件数	有効オーダー獲得件数	スキルシート送信件数	派遣決定件数
月間目標営業モデル	70件/人月	20件/人月	40件/人月	5～6件/人月
対比(%)		訪問対比30%	オーダー対比200%	スキルシート対比15～20%
基本営業モデル	3～4件/人日	1件/人日	2件/人日	1件/人週

◎逆算で決定件数増大に向けて各指標の目標件数を設定する

目標決定件数の達成

④強化ＫＰＩは売上、利益増大に直結する

売上の底上げを図るには、営業部全体が追いかける強化ＫＰＩが必要です。

これは人材派遣業であれば、前章で１つの例としてスキルシート送信件数であると説明しました。

これが売上に直結する派遣人数の増加につながるキーファクターです。売上の増大を図るには、まず派遣人数の増加を図ることです。

利益額の改善は、売上の上昇に連動して増えていきますが、同時に営業活動の中で売上原価率の改善もやっていかなければいけません。

これは新規派遣の件数が増えれば増えるほど、全体の利益率の改善は進みます。営業スタッフは利益率を考えた新規オーダー受注に注力を注ぐのです。

もちろん何をを強化ＫＰＩにするかは、各種業界、各企業の営業部事情によってまちまちです。状況に合った強化ＫＰＩの選定が必要です。

営業部全体は、強化ＫＰＩの指標数値が伸びるように営業のやり方を改善し続けていきます。同時にこの時期、個々の営業スタッフは売上高、利益率を棚卸します。

営業スタッフ各人が、自分の必達予算を達成する作戦をつくらなければ、この苦境も他人事で終わります。特に立て直しの状況下では、売上高、利益率の見直しは、個々の営業スタッフの能力開発テーマとしてあぶり出します。

まさに営業幹部と営業当事者が真剣に向きあわなければならない瞬間です。

まずは底打ち反転達成までをスケジュール化する

当面の目標は、底打ち反転の売上を叩き出すことです。

現状は前年の実績、下手をすると前々年の実績を割って、ひたすら売上、利益を落としているというケースもあるでしょう。当然営業利益は下降して損益分岐点を割って、赤字という状況かもしれません。

この売上高は業界でそれぞれ利益の出る数値基準があるはずです。まずはこれを追いかけていくのです。これが達成されれば、次に夏のボーナス、冬のボーナスを出せる売上、利益目標を設定します。

この頃になると予算との整合性、達成度を意識した営業管理が行われていると思います。

このステップをスケジュール化して実行していくのです。このスケジュールの山は、底打ち反転の時期と損益分岐点突破の時期です。これを半年目安で実現することがポイントです。社長を中心とした経営陣が軸となって、営業現場と一体になって推進していくのです。

このワンツウ・ステップをいかに早期に達成するのかが重要なのです。なぜなら、営業現場の過度の集中力は半年が限度です。

この集中力が続いている間に、まず1ステップをクリアしたいものです。底打ち反転の1ステップは、重要な転換点になります。

これをクリアすると、営業部に明るい自信が生まれてきます。これは意識的につくることはできない空気です。この空気が営業部全体にみなぎると、2ステップの損益分岐点突破の勢いが加速するはずです。

しかし、いくら決定件数を増やしても、派遣終了スタッフがそれを上回って増えることがあります。そうすると結果は、稼働人数の減少につながります。

3月、6月、9月、12月が派遣スタッフ入れ替えの時期と重なります。派遣ビジネスは、派遣終了があってのビジネスです。

V字回復のシナリオは、このような業界特有のビジネスサイクルを織り込んだものを描かなければなりません。

⑤営業人数は、売上に対して適正か

営業スタッフの担当する売上高は、個人差があります。性別は関係ありませんが、仕事に関わっている期間や業務の熟練度に比例して売上高も大きくなります。

この額は業界によってまちまちなので、新人、中堅、ベテランの額は一概にいくらだと言えません。人材派遣業界で言えば、入社して1年くらいの新人であれば、目安として単月1000万円、2~3年目の中堅で2~3000万円、ベテランで4~6000万円ってところです。

営業スタッフによって営業能力はまちまちです。

新人を除いてその能力は、年齢に関係なく同業種を何年経験しているかということが基準になります。また、そこで顕著に差が出てくるのが生まれ持ったセンスの問題です。生来の営業センスを持っている営業スタッフは、2年目でベテラン営業の売上高を無理なく超えていきます。

そこで数値目標の達成を目指すにしても、現状の売上を守るにしても、現状の個々の営業能力から判断すると適正な営業人数は何人なのかがわかります。

その際、現状の営業スタッフを見渡すと、どういう人員構成になっているのかということです。普通、立て直しが必要な営業部は、ほぼ間違いなくベテランの営業は数少なく、入社1~2年の新人に近い営業スタッフで構成されている場合が多いです。

そうすると、営業経験年数の短い営業スタッフに、本人の維持能力を上回る売上をつけられてしまうケースが発生します。本人の売上維持能力を超えた売上高は、ざるから水が漏れ落ちるように減少していきます。売上アップを図ろうとしても、早急な達成は難しいというのが現実です。

ベテラン営業の何人かは、営業の施策について折り合いがつかず、辞めています。

こんな中での立て直しは、適格な数字に直結する戦術が必要なだけでなく、営業人材の早急な採用と育成が急がれます。半年で底打ち反転を達成しなければいけません。この底打ち反転をいつまでにというところが、立て直しの肝です。

営業スタッフ個々人の能力分析

営業スタッフの能力は、個人の性格、個性、強みという個人の属性分析と、現状での売上達成能力を加味して判断します。

個人属性に関わる要素は、営業の強みとして生かせる資質を本人に気づかせます。

売上達成能力については、営業の基本動作を振り返らせて何が欠けていたか、売上を伸ばすには何が必要かを気づかせます。

そのためには、該当営業スタッフの、日報に基づく毎日の営業活動を分析する必要があります。

日報には、毎日のアポイントアプローチ件数、新規、既存企業の訪問件数、提案書提出件数、プレゼンテーション実施件数とそれぞれの累計件数などが、記載されています。

１か月間の営業プロセスは、そのまま営業結果として表れています。３か月のスパンで行動結果を見ると何が優れており、何が足りないかがはっきりわかります。

成果の出ている場合は、間違いなく営業活動に費やした時間なり関連件数が多いです。反対の場合は、営業活動に時間を割いていないことが行動結果として、そのまま数字になって表れます。

営業は科学です。行動結果はすべて数字で足跡を見せて、進行中の営業活動の成果も数字を追うことによって予測できるものです。

営業スタッフは、能力開発を自分事と捉えろ

営業スタッフの能力開発のポイントは、個々人の能力の違いを前提としたものです。

営業幹部は仮説の処方箋をベースにカウンセリングし、本人が納得したテーマを能力開発の目標にします。能力開発は、スケジュール化し、都度つど慎重にチェックをして開発進度を確認します。

ここで大切なことは、営業スタッフに自分の能力開発の内容を十分納得させ、自主的に実行するよう仕向けることです。本人の腹に落としてやり、これを自らの意思で行動に移らせることです。それを営業幹部は進捗スケジュールに基づき、根気強く指導しづけるのです。

営業スタッフが能力開発を自分事と捉え、自主的に能力開発を実行しているかを見定めなければなりません。自主的に改善に取り組むようであれば、自立した営業スタッフとして評価できます。

そうでない場合は、いつまで指導を続けるかどうかは試案のしどころです。

営業職は、自分で行動を設計できないと成果を上げられません。自主的に成果を上げられない性格のスタッフは、営業職に向いていません。営業職不適正のスタッフにいくら期待値を込めて指

導しても成果は見込めません。

しかし、営業職は好きだけど成果が出ない状態が続くが、ほかの職種に転職する意思を持たないスタッフの場合、どこかで頃合いを見て、転職をすすめることになります。これもいつまでにという期間に区切りをつけて声をかけることになります。

人というものは何かの拍子に一気に変わることがあります。人が変わったように仕事に打ち込み、成果を出す人材に変貌することもあります。たぶん自分の内側で何か大きな変化があって、それが意識を変え、行動になり、成果になって表れたのでしょう。

だから、人に関しては決めつけた答えは出せません。しかし営業活動は期限を決めたゲームです。

特に立て直しは、この時期に有効な成果、結果を出してくれる人材で固めることをこころがけましょう。

能力開発のポイントと開発スケジュール

能力開発のポイントは、営業活動の機能を４ステップに分けて、個々人の能力を分析評価します。

この際に、陥ってはならないことは、科学性を重視するあまり、営業活動を過度に数値分析することです。これは一見客観的手法に見えますが、まったく無意味です。

今必要なことは、自分たちの手で立て直しをする姿勢です。

営業スタッフの気質はそれなりにわかっています。強み、弱みもわかっています。人間は素早く総合的に判断できる能力を持っています。

しかも、営業スタッフは昨日今日会った人たちではありません。このような環境下であれば、極めてベーシックな判断ツールを使って、気づきを促すほうがはるかに心に訴えます。

科学的といって冷徹な数学計算から導き出される数値がどんなに的を射ていようが、その指摘が行動につながらなければ、ただの分析者の自己満足に過ぎません。

営業はお客さん、仲間も含め、人を動かしてなんぼのものです。まさに人間関係ビジネスなのです。営業スタッフの能力開発は、そこのところを押さえて指導してください。

営業スタッフが新規開拓する際の営業能力の区分としては、

①アプローチ、②リサーチ、③プレゼンテーション、④クロージングがあります。

営業スタッフの能力分析をするには、各機能を5段階基準で評価します。

具体的な評価基準は、

①アプローチ

新規開拓件数につながる新規企業への開拓能力です。

②リサーチ

事前にアプローチ企業を調査し、適格な質問によってお客さんからニーズを聞き出す能力です。

③プレゼンテーション

お客さんのニーズを自社のサービス・商品に照らし合わせて、購入後の喜びを感じてもらえるように提案する表現能力です。

これは営業スタッフが属人的に持っている能力です。

お客さんが何を求めているかを感じとって、それに見合う商品・サービスを提供できる能力です。まさに天性の営業スタッフが持っている営業職の適正能力です。これは経験努力によって多少は開発できますが、生まれ持った能力のような気がします。しかしこの能力を持つ営業スタッフは、そこかしこに転がっている営業能力ではなく、営業職人口のうち10％くらいしかいません。

営業感度のいい営業スタッフです。お客さんが何を欲しがって、何を提案したら喜んでもらえるか瞬時に解る人です。

提案する商品・サービスも的確に選び抜いてジャストタイムに直球、あるいは変化球で提案します。この段階では、お客さんとの気持ちの交流と、人間的な信頼関係をきちんとつくってしまいます。

この手の営業スタッフは、関係構築を、とにかくスピーディーにやることのできる人たらしの要素を持った人材です。

ここまでの能力がない営業スタッフであれば、たくさんの商談機会を経験して、体験の中からこの能力を磨くしかありません。これはよい悪いじゃなくて、普通の人はこの方法でやるしかありません。

しかし、心配は無用です。営業活動は、営業職全体の90％を占める普通の人たちがやっているのですから。

④クロージング

これは、お客さんに提案した商品・サービス納得してもらい、契約決定に持ち込むための駆け引き能力です。

営業能力の区分は4つに分かれますが、④クロージングだけは営業スタッフ全員にとって、開発を必要とする必須の能力です。この能力不足は営業スタッフにとって、決定的なダメージになります。

営業活動は、新規開拓のためのテレアポイントを皮切りに、新規訪問から始まり最後のクロージングで第一ステップが完結します。

取引が始まれば、第二ステップの顧客メンテナンス活動がスタートします。

クロージング活動は、取引が成約になるか、破談になるかの営業活動の最終場面です。

破談になった場合は、今までの営業活動は報われないことになります。もちろん、何事も失敗は次の挑戦の糧となることにはなるのですが。クロージング能力開発の重要さは、選択の余地のないものです。

個々の営業スタッフは、自分の強みを活かして、弱みを補う営業手法を開発しなければなりません。開発スケジュールは、早期に売上に反映する計画でなければなりません。

もたもたやっていたら会社は潰れてしまいます。実際には成果が出るまで多少の誤差が出るでしょう。活動ペースに個人差があります。

行動計画の仕込みの目安は3か月です。4か月目に売上を増大させる行動に変わっていなければいけません。

売上目標に合わせた増員計画

まずは底打ち反転、そして損益分岐点突破を達成しましょう。

しかしその後の事業拡大の計画も設計していなければなりません。

目標とする売上目標はいくらで、利益はどのくらい確保したいかを設計しておく必要があります。

来年はどの程度の売上規模を確保したい。3年後の売上、利益のを想定し、それに見合う営業体制がどうするか。増員人数は何人なのか。

それに伴うコンピュータ営業支援システムはどんな仕組みになっていなければならないか。それを支える基幹システム、運用管理体制はどうなっていなければならないか。支社展開はどうか。

などなど事業ビジョンをきちんとつくっていなければなりません。

事業イメージのないところには、事業発展もありません。

これは第4章「差別化戦略をつくろう」で説明しますが、事業発展は事業イメージの意識の強さを反映します。

6　立て直しのスピードは、営業スタッフの能力開発のスピードと比例する

営業成果は、急がば回れでつくり出せ

潰れそうな会社の営業部は、活気がなく無気力な倦怠感に満ち溢れています。すべて原因があって、結果としての現状があるのです。経営者の身から出た錆です。

優秀な営業スタッフが辞めた後に残っているスタッフは、ほかに転職できそうにない一癖あるスタッフか、営業センスに難ありのスタッフです。

そんな営業部を、どうやったら前向きな意欲に満ちた営業部に変えることができるのでしょうか。

そこにはマジックはありません。必要なものは、まず社長の考え、理念に違和感を持たない感性の営業スタッフを集めて、そのメンバーを育てることです。

この一番基本的な要素を共有できない人材は後で獅子身中の虫になります。

この手の人材は絶対に採用しないことです。まさに育てたはいいが、営業部内の反対勢力になって一体感を削ぐマイナスエネルギーに成長していく可能性があります。

営業部隊のメンバー数は、売上に見合った人数として見積もれます。そこで、ぱっと思いつくことは、優秀な営業をスカウトして一気に売りを伸ばしてもらうことです。

しかし、これは妄想以外の何物でもありません。そもそも優秀な営業マンは少々お金を積まれ

ても右肩下がりの企業にはやっては来ません。

それ以前にこの手の企業は、財政面で余裕がありません。まず高給で雇い入れるお金がありません。

そこで営業スタッフの確保は、社長との感性のずれのなさを基準にして採用することです。そして、本人に合った育成プログラムを組むことです。

新卒であれば、余裕を持たせ1～2年の育成期間を設定しましょう。この育成期間の長さを穴埋めするには、50歳前後のベテラン営業経験者を活用することも有効です。

活動パワーは若手営業に比べれば物足りませんが、即戦力として結果を出します。このベテランスタッフ何名かで数字を維持し、若手の成長を待つのです。

営業部立て直しのスピードは、営業スタッフの成長速度と比例します。営業スタッフの成長は組織の一体感を生み、売上増大となって現れてきます。

そんなわけで、立て直しは「エイヤッー」という短兵急には仕上がりません。人材育成の時間が必要なのです。

急がば回れで、人材育成はこの基本スタンスを押さえておくことです。

営業育成は営業スタッフの定着率を前提とする

潰れそうな会社の営業スタッフの定着率は最低です。とにかくよく辞めます。毎月１人は辞めていくというのが実態です。

そして営業スタッフは、営業方針を守らずバラバラに動くという状況が出現します。営業エネルギーのベクトル合わせは不可能です。落ち着かない不安定な営業部に成り下がっています。

営業幹部も営業スタッフの出入りが激しいので、営業方針の徹底が難しいのです。

また頻繁に辞めてしまうような人材の採用は、人材育成の時間を無駄に捨てることにつながります。

まさに積み木崩しです。去る者は追わず、来る者は拒まずの基本姿勢はそれでよいのですが、人材を育てるという基本方針がないと安定した売上に結びつきません。

社長の理念、感性を受け入れ、営業適正があろうと思われる人材は、きっちり確保し育成するという姿勢を持つべきです。

頻繁に辞められては、人材育成の時間が確保できません。定着率にこだわることは、売上づくりにこだわることに通じるのです。

営業幹部の責任ある役割は、営業スタッフを早期に能力開発することです。

営業スタッフのミッションは、売上予算に合わせて派遣スタッフを増やすことです。派遣スタッフの増加が売上の拡大に直結します。

派遣スタッフを増やすためには、個々人の営業プロセスを見直しします。単月の派遣決定人数から営業プロセスを遡って営業活動を洗い直します。その中で、営業個々人の営業上の強みや弱みを明らかにするのです。

営業スタッフの行動パターンは一律ではありません。

派遣スタッフ増員に向けた改善案は、営業スタッフの数ほどあります。

営業部全体の業績は、個々営業スタッフの売上の総計でもあるわけです。このことからも個々人の能力開発の向上を図ることが、業績向上につながります。

営業スタッフの個性、強み、弱みを前提に、どうすれば結果が出せるかトライ・アンド・エラーをさせ続けます。

営業スタッフごとの能力開発プログラムは、その成長を追いかけ、四半期ごとにプランと実績の誤差をあぶり出して改善させます。

これは営業幹部と営業スタッフの共同作業です。能力開発の仮説に基づいた実験活動でもあります。しかも、それをスピーディーにやらなければいけません。立て直しのスピードは能力開発のスピードと比例するからです。

営業幹部は営業スタッフのハートをつかめ

営業力ＵＰは毎日毎日の指導によって身につくものです。毎日の朝礼、終礼、営業活動の報告会のときを捉えて一言、改善ポイント、よくやったコメントを言ってやるのです。１人ずつ声をかける必要があります。毎日のこの小まめな指導が、個人に合ったペースでジワーッと営業力をアッ

【図表９　四半期営業活動・逆算シナリオ例】

活動項目（担当営業名）	4月			5月			6月		
	目標	実績	逆算シナリオ	目標	実績		目標	実績	
月間総派遣スタッフ数	60	55	未達スタッフ5人を増員し6月には予算70人を達成する	65			70		
終了スタッフ人数	／	3	終了スタッフの終了時期を延長させる交渉をする	／			／		
派遣決定人数	6	4	スキルシート送信件数をさらに20件増やす	10			6		
スキルシート送信件数	40	40	スタッフへのアプローチ能力アップ、件数も50件増やす	60			50		
スタッフィング件数	200	250	有効オーダーの質を高めて30件まで増やす	300			300		
有効オーダー件数	20	23	オーダー獲得能力のアップ、訪問件数も70件に増やす	30			25		
訪問件数	70	50	新規企業中心の企業リストを見直し、訪問件数も70件に	70			70		

プさせていきます。営業幹部はは最初に決意しなければなりません。営業スタッフ全員の営業力を伸ばすことを決意するのです。黙って傍観しているだけだと、営業力は伸びない。伸びたとしても長い時間かかります。営業幹部のの指導は、営業スタッフのハートをつかめるかどうかにかかっています。

「士は己を知るものの為に死す」

司馬遷の『史記』（刺客・予譲伝）で言っています。

営業教育で教えること

営業教育の果たす役割は、人間ビジネスにとって大きなものがあります。営業教育は、営業幹部と営業スタッフの信頼関係をつくるためのものでもあるのです。

そして「営業という職業は自分にとって何

【図表10　立て直し６つの法則】

1　立て直しは、誰が軸になるかによって決まる
・営業部司令塔の人物次第で人の動きが変わる

2　営業部は、社長の感性を受け入れる営業スタッフで構成しているか　・営業スタッフは社長の価値観を共有できるか

3　立て直しを楽しもう　・面白くなきゃ営業じゃない

4　逆算の発想で、しっかりした立て直し達成イメージを持つ
・行動を見直し、現状と数値目標のギャップを埋める

5　現状を直視し、売上・利益増大に直結する強化KPIを見つける

6　立て直しのスピードは能力開発のスピードに比例する
・営業育成は営業能力のUP, 営業スタッフの定着率と比例する

なのか」を考えさせます。「営業は、お客さんを通して自分自身を反省、見直すと同時に、自分自身の頑張り、素晴らしさを発見する場なのだ」と捉えるのです。さらに「成果を出すことは、お客さんと喜びを共有し、営業スタッフとしての達成感、充実感を味わい、自信につながっていく」と考え、それを積み重ねることは、人生を楽しむことに通じると感じさせるのです。

営業教育なくして、営業活動は始まらない。

私がとらえる「営業とは何か」は３つあります。

①営業はお客様を喜ばせるビジネスである。

②営業は自分自身のすばらしさを発見する場である。

③営業は科学的手法に基づいたゲームである。

①は「なぜ自分は営業活動をやるのか」を考え、②は「営業という職業は自分にとって何なのか」を問い、③はゲームであると言い切っています。

ゲームは風呂敷マーケティングの実践

営業はお客さんと対峙、対立するのではなく、自分という大風呂敷の中にお客さんを包みこむことだとイメージします。

すべての営業活動を含むマーケティングは、このイメージから始まります。

まさに「風呂敷マーケティング」の実践です。

中心軸は「楽しくなければ営業ではない」という発想がベースにあります。

これは、③の「営業はゲームである」ことの説明でもあります。

営業は目標が設定され、時間内で成果を競う、スタートと終わりがある一種のゲームなのです。

だから、営業スタッフは、営業期間を「なりきる」という能力を武器にして、目標管理力、情報収集力、状況判断力を駆使して営業ゲームを楽しむのです。

営業は年間、四半期、単月ごとに売上、利益予算が設定されています。

この予算をどう達成するかは、営業スタッフが営業ゲームをどう楽しむかということにつうじるのです。営業活動は、こんな営業の基本研修からスタートします。

第2章の要旨は【図表10　立て直し6つの法則】でまとめました。この6つの法則は、どれも必須の条件です。その中であえて最重要法則を1つ挙げろと言われれば、何の躊躇もなく第1法則「立て直しは誰が軸になるかによって決まる」です。組織は誰が動かすかによって決まるのです。

第3章

人材派遣営業の仕組みからヒントをつかもう

『人材派遣システム』について

本書は、営業部の立て直しのやり方について書いています。

そこで、営業部といっても話の筋立てとして、どんな業界の営業部かをはっきりさせないと、話の展開が見えてきません。

ここでの業界は、私が30年以上携わった人材派遣業界です。

派遣業も日本に上陸して半世紀が経とうとしています。1986年に労働者派遣法が施行され、法的にもビジネスの運営方法も大きく進化してきています。そんな実態を背景にして派遣を利用されるクライアント（お客さん／派遣先）さんの企業数は、増え続けています。

確認のため『人材派遣システム』の資料を載せ、派遣営業について簡単に説明させてもらいます。

派遣会社の営業スタッフは、派遣会社の派遣元担当者として、クライアントさんのオーダー内容に合う派遣スタッフ（派遣希望で派遣会社に登録しているスタッフ）に業務ができるかを確認し、やりたいということであれば派遣をスタートさせます。

事前にクライアントさんへは、派遣希望スタッフのスキルシート（簡単な業務経歴書）をメールで送信し、確認、承認をもらっておくことが前提です。

このように派遣営業スタッフ（派遣元）は、クライアント（派遣先）と派遣希望の登録スタッフという2人のお客さんの仲立ちをしながら、自分を含め三方満足できるよう頑張っています。

【図表 11　人材派遣システム】

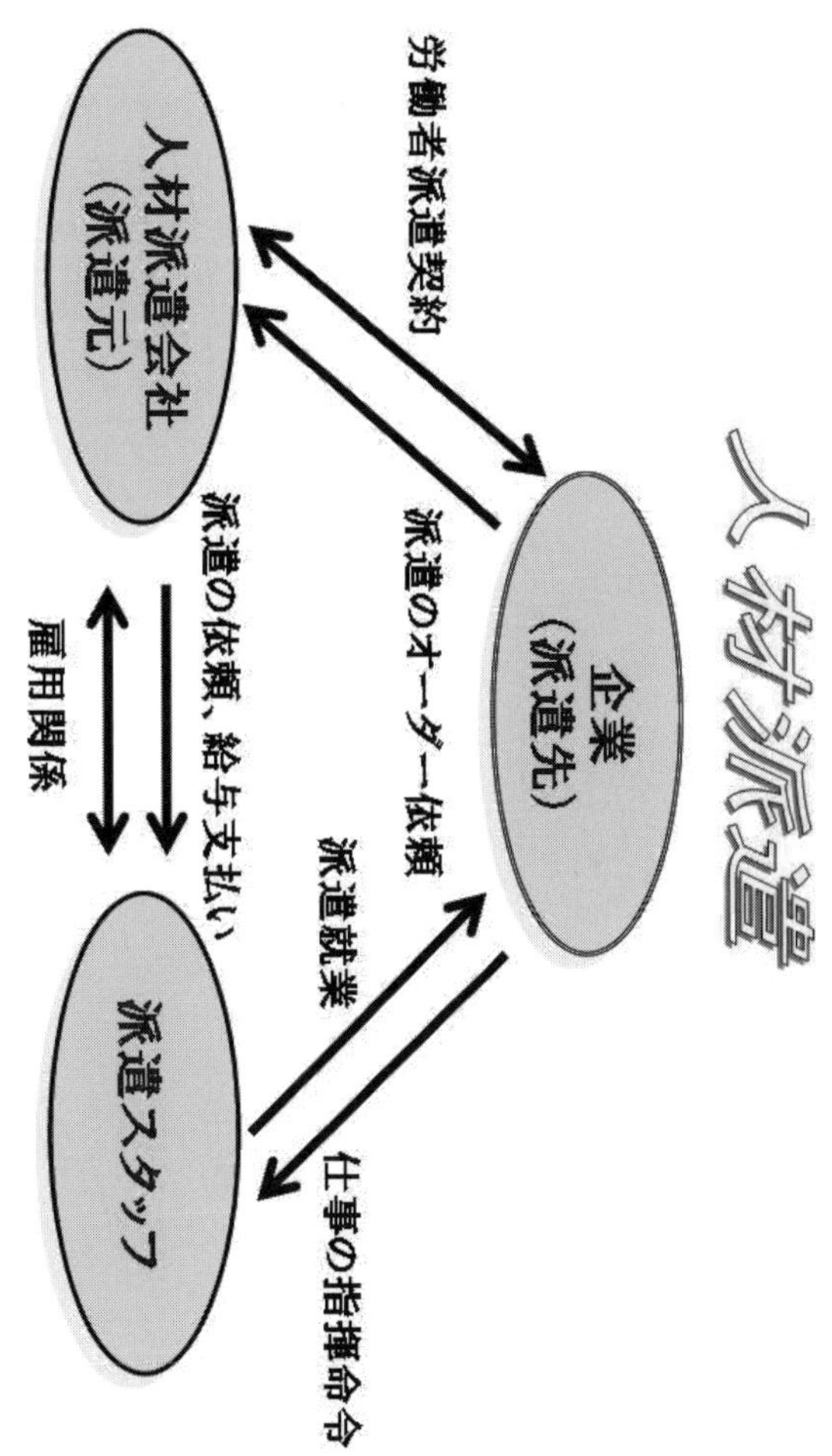

1　マーケット分析、ターゲットセグメンテーション（絞り込み）の設定

初めにやるべきこととは

これは営業活動をする際に、最初にする作業です。

マーケット分析は、商売するにあたって、どんな市場、地域でやるのかを調べることです。地域特性、風土、文化、人口数、人口構成、同業社の事業実態などを調べるのです。

ターゲットセグメンテーションは、その市場、地域のどんなお客さんに絞り込んで商売をやるかということです。

このターゲットの絞り込みも業界によって様々です。また派遣ビジネスでは、東京でやるか、地方の政令都市でやるか、マーケットの市場規模によって、どれくらい派遣需要が見込めるかが違ってきます。

ターゲット市場全体の派遣利用企業は何社あり、派遣人数の総数は何人で、派遣職種の技術系、事務系比率はどんな割合かを調査する必要があります。

すでに自社で派遣の実績があるのであれば、市場全体の中での自社の占有シェアは何％かを確認します。さらに既存企業であれば、既存企業内の自社シェアは何％で、開拓余地は何％かを確認し、自社シェアアップの作戦を実行します。

派遣のニーズは、法人企業数の市場規模に正比例します。需要職種は、事務員、技術者、製造現場要員など多岐にわたっています。

また自社がこの市場で先発企業なのか、後発企業なのかによっても営業施策が違ってきます。

それぞれの企業は自社の置かれた状況を客観的に抑えて、マーケット分析、ターゲット分析をしなければなりません。

2　新規開拓の問題のあぶり出しと解決策、スケジュール化

新規開拓のためのアポイント

新規開拓の問題点は、新規訪問件数の少なさに起因します。

新規訪問件数を増やすには、ターゲットリストの整備と電話アプローチ件数の多さが決め手になります。

リストに基づいて挨拶訪問のアポイント電話を掛け続けるというのは、大変な作業です。

ちなみに、ターゲット企業のアポイントが取れるのは、電話発信件数の内５％程度です。50件電話すれば2〜3件の確率でしか訪問アポイントが取れないという状況です。

電話をかけても60〜70％は、電話口で派遣担当者が不在か、断りの門前払いを受けます。たとえ担当者につながっても、直接断られるのが大半です。

解決策は、とにかく電話のアプローチ件数を増やして、その量の中から自分に合ったアプローチトークを磨くしかありません。

目安としては1日に50件の電話アプローチをして、日によって件数の凸凹があることを計算に入れて、1週間に200件のコール数をこなすことです。

オフィスだけでなく外出先からも電話を掛ける必要があります。そして1日2〜3件のアポイントを目標として、週10件のアポイントを取るように追いかけます。これによって次週の訪問スケジュールを埋めることができます。

一見不合理で、根性論の匂いがしますが、スポーツと同じで人間という動物は、実際に体を使ってやらないと自分の身につきません。

メールでのアプローチという方法があります。これは無駄ではありませんが、多くの営業パーソンがやっている手法ですので効果は薄いです。

新規開拓のためのアプローチ

飛び込み営業というのがありますが、企業のセキュリティ体制が厳重になっている昨今は、インターホーンや受付で門前払いになるケースが多くなっています。この傾向は都心に強く表れていますが、中心のオフィス街を外すと訪問可能なところもあるようです。

飛び込み営業は、アポイント訪問をした際、訪問企業の周辺オフィスビルを、訪問ついでに飛び込み訪問することがあります。営業スタッフは、飛び込んで派遣サービスを説明させてもらえるよう要請します。そして商談できれば、新規訪問件数1件として日報にカウントします。

営業としての本来の成果は、派遣スタッフを何人派遣しているかで評価されます。これが売上予算と連動しています。営業スタッフは、この売上予算を意識して活動しなければなりません。

新規開拓件数は、売上予算から割り出される派遣人数を達成するための手段の1つです。派遣人数を増やすには、既存顧客か新規顧客かで派遣人数を増やすことになります。既存顧客での今後予定される派遣増加人数は事前に情報収集できます。その際、予算埋め合わせに必要な派遣スタッフ数が既存顧客で派遣決定すれば、既存顧客のメンテナンスをするだけで予算は達成できます。しかし現実はそうもいきません。毎月必ず派遣終了スタッフが発生します。

そんなわけで、営業スタッフは、どうしても新規企業を開拓して派遣スタッフの受け入れ先を開拓する必要に迫られます。営業活動は常に新規開拓営業に力を入れなければなりません。

派遣営業の棚卸

派遣営業全体のイメージをつかんでもらうために、派遣営業の棚卸をやりたいと思います。

営業活動の分析は、新規開拓のアポイントから派遣決定までの流れと、目標派遣決定件数から新規企業の目標訪問件数へ遡る方法があります。

新規企業の営業開拓のケースは2つのパターンがあります。

1つ目はクライアント（派遣を使いたい企業）が直接派遣会社に派遣を依頼するケースです。

2つ目は派遣会社の営業スタッフが企業にTELアプローチして派遣ニーズの有無を確認し、派遣のニーズのある企業を訪問しオーダーを受注するケースです。

1つ目のケースは、クライアントからの問い合せから始まるので、新規開拓の必要はありません。

このケースは、まず企業担当者は、派遣会社に派遣スタッフを使いたい旨を連絡します。それに応えて、派遣会社の営業スタッフが訪問してきてオーダー内容（派遣スタッフがやる実際の業務内容、それに必要なスキル、職場環境など）を確認します。

帰社後にこのオーダーがこなせる派遣スタッフを選び、派遣スタッフに連絡を入れ、業務内容、派遣料金、勤務条件、派遣場所などを話し、派遣をやるか、やらないかの判断をしてもらいます。

派遣スタッフがこの案件をやりたいということであれば、この派遣スタッフのスキルシート（派遣候補者の職務履歴だけが抽出されたキャリアシート、氏名は無記入）を派遣受入企業の担当者にメールで送信します。

クライアントの担当者は、メールに送付されたスキルシートを確認、検討します。そして希望どおりのスキルと判断した場合は派遣受入れを決定します。

2つ目のケースは、新規企業への訪問アポイントを取るための電話アプローチ件数増やすこと

【図表12　派遣決定の逆算フロー】

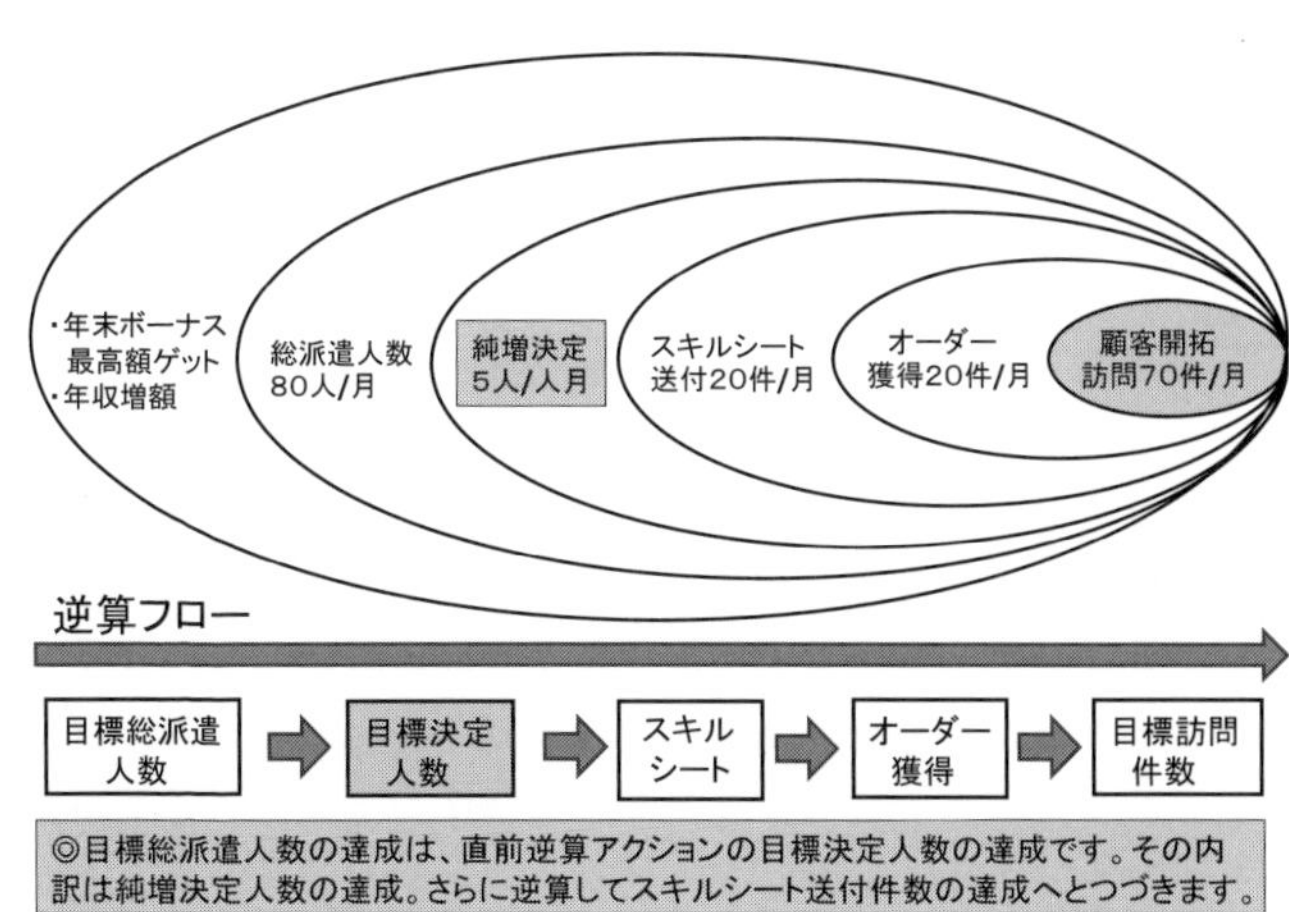

から始まります。

派遣会社の営業スタッフから新規企業に訪問依頼のアポイント電話を入れ、派遣スタッフの派遣受入れの提案をします。

そして新規企業から新規の派遣オーダー案件を発注してもらいます。この後の動きは１つ目のケースと同じです。

これを日数で逆算していくと、決定までには10日以上はかかります。営業スタッフは、この事実を押さえ営業プロセをスケジュール化しなければなりません。

営業プロセスも目標純増決定の件数を何件に設定するかによって、逆算でスキルシート送信は何件、それに伴うオーダー獲得は何件、訪問件数は何件という具合に、数値目標を設定した行動計画を立てていくのです。

3　受注活動プロセスの問題と解決策、スケジュール化

3つの効率的なアプローチ

営業スタッフの活かし方は、強みを活かした営業活動をさせて予算を達成してもらうことです。

売上アップで伸び悩んでいる営業スタッフは、営業プロセスのどこかに問題を抱えています。

この問題を解決するには、個々の営業スタッフの問題の原因をあぶり出して、その解決策を立てることです。

営業スタッフの問題の原因は、毎日提出する日報の中に隠されています。日報の活動内容を分析することによって、強みも弱みも正確にあぶり出されます。

営業幹部は、営業スタッフの1人ひとり日報分析をぜひ実施してください。

この結果は、個々人の能力開発プログラムに連動します。3か月の期間で改善すべき項目を抽出して改善スケジュールをつくります。

営業活動の歴史は、人類の営みの歴史でもあります。

人類は、すでに受注プロセスにおいて最も効率的なアプローチがあることに気づいています。

しかも誰でもできる3つの手法です。

①ターゲット企業（部署）のキーマンを紹介してもらう

ターゲット企業攻略の際、社外、近親人脈、既存企業の担当者などの人脈ネットワークを利用してキーマンを紹介してもらうことです。極めて有効な最短アプローチです。

②既存企業で他社より先に優先オーダーを受注する

まず、日常の営業活動で親密な人間関係をつくりあげます。それによって、他社に先駆けて優先的にオーダー獲得、人選、スキルシートの送信によって最速で決定成約をすることです。

③多くの新規企業にアポイント訪問し、「見つけやすい」オーダーを受注する

正攻法のアポイント訪問で、有効訪問件数を増やし、「見つけやすい」Ａクラスオーダーを獲得して決定成約に持ち込む。まさに量を抑えて質を見つける戦法です。

良質なオーダーの取り方

受注活動プロセスでの重要な点は、良質なオーダーを取ることです。

良質なオーダーの取り方には２つのポイントがあります。

１つはオーダー受注の際に、お客さんのオーダー内容を正確に聞き取ることです。営業スタッフがお客さんの要望内容を正確に情報収集してない場合は、せっかく適任スタッフを人選しても、派遣受け入れにつながりません。お客さんが望んでいるスキルを保有している派遣スタッフではないのです。お客さんは当事者なので、正確に必要な数のスタッフのイメージを持っていますが、営業スタッフにそのイメージが正確に伝えられていないケースがあります。そのため、営業スタッフが正確なスキル、イメージをつかみ取れていないのです。

2つ目のポイントは、派遣スタッフを見つけるにあたって、必須スキルポイントを3つに絞って正確に聞き出すことです。

よいオーダーの条件は、①単価が高い、②就業場所が都心で駅から近い、③オーダー内容が見つけやすい職種であることなどです。

せっかく高単価で、就業場所がよくても、特殊なスキルを必要とする見つけにくいオーダーであれば、これは決していいオーダーとは言えません。このような特殊なスタッフは簡単には見つかりません。ということは、派遣することが不可能で、売上が立たないということです。

受注活動はこの点を注意して、新規オーダー件数、新規訪問件数、新規電話アプローチ件数を逆算して、そこからスケジュール化しなければいけません。

4　クロージング（契約成立）の問題点と解決策、スケジュール化

クロージング力は売上に直結する

クロージングは、契約を成立させることです。

これによって、売上を発生させ、利益を生み出します。売上アップに直結する営業活動の最終ア

クションです。

派遣ビジネスで言えば、派遣決定件数を増やすことです。つまり派遣人数を増員させ、売上を拡大させます。

営業活動における、起承転結の結の部分です。いくら営業活動に専念しても、この活動結果に相当する「結」という実績に表れなければ、営業をしたということになりません。その意味において、クロージングは営業プロセスの中で一番重要なアクションになります。

クロージングは、売上そのものであり、経費を差っ引いて利益を生む事業活動の出発点です。

派遣事業の場合、クロージングの問題点は、オーダーに合った派遣スタッフが簡単には見つからないことです。ビジネスには「いつまでに！」は常に付きまといます。

派遣導入を希望される企業は、当然、希望する派遣の導入時期を設定しています。しかし、派遣会社としては、そうピッタリした適任スタッフを見つけることができません。簡単に人が確保できないがゆえに、派遣ビジネスが成り立っているわけです。

一方、企業は早急に派遣スタッフ導入を希望されています。そこで「相談ですが、お客さん御希望されているスキルにぴったりと当てはまるスタッフはいませんが、多少スキル不足ですが意欲旺盛なスタッフがいます」という交渉も必要になってくるのです。

この交渉力こそ営業スタッフの本領発揮のステージです。多少スキル不足の派遣スタッフを説得し、派遣受入れをクライアントに納得してもらう交渉能力の開発は、営業スタッフに求められるクロージング能力です。営業スタッフのこの能力開発は、派遣ビジネス、人材ビジネスにおいては、お客さん、派遣スタッフを巻き込んで三方満足につながるメリットがあります。

クライアントの派遣受入窓口担当者との関係づくりは、クロージングの条件づくりでもあるのです。日頃からの濃密な人間関係づくりの大切さが浮き上がってきます。営業活動で成果を出そうとするならば、これは営業全般に言える最重要ポイントです。

まずは営業個々人の能力開発の進捗に合わせて、営業力のアップを実現したいものです。特にクロージング能力の強化は、売上予算に直接影響してきます。そのためには優秀営業スタッフの増加につながる養成スケジュールの実践的な運用が求められます。

強みを活かしてクロージング能力を伸ばす

クロージング能力は、交渉力の開発に行き着きます。派遣営業のクロージングは、最終的には企業に派遣希望スタッフを派遣導入させることです。しかし、その前にオーダー受注活動、そのオーダーに合った登録スタッフに対して、派遣承諾の説得など、何ステップかの交渉活動があります。

この交渉力アップの方法は、知識ではなく活動の中からつかみ取るものです。そのため、トップ営業スタッフとの同行、上司同行による営業動作チェックなど複数回の研修同行が必要です。

そして、その課題抽出から、営業スタッフに合った仮説の営業手法を設定し、ＰＤＣＡによって交渉力を進化させます。ここでの注意点は、資質に基づいた強みを発見し、伸ばすことが重要です。

第4章　差別化戦略をつくろう

1　差別化戦略のない事業は発展しない

差別化はお客様が望む物を提供してこそ

企業発展の歴史を見ると、そこには必ず他社にはない独自のサービス。商品の特性があります。

これが、その時代に生きている生活者にうまく浸透して、その企業は大きく発展していくのです。違う言い方をすれば、時代の流れを読んで、そこで生きる生活者の望むであろう商品・サービスを提供してきた企業ということになります。

この望まれる商品・サービスが差別化そのものなのです。

立て直しの基本もここにあります。この要素を持ってない商品・サービスならば、一時的な勢いで立て直しは可能ですが、中期的なレンジで見れば、どこかの時点で時間の中で消滅していくでしょう。仕方がありません。

社会や生活者が望まない物を提供している企業は、お客さんを喜ばすことができないのです。つまり、エネルギーを与えることができなければ、、エネルギーを与えてもらえないということです。

このエネルギー循環の中で企業は、生命力を得て発展するのです。エネルギー循環サイクルが回らなくなると、企業という生命体は時代という時間の中で取り残されるように消えていきます。

差別化の芽は身近に転がっている

差別化というと大上段に構えてしまいがちです。

差別化によっては、18世紀産業革命の蒸気機関の発明や、20世紀後半に出現したパソコンによって、一気に世界中に張り巡らされたＩＣＴ（情報通信技術）のように、時代を変革するような差別化もあります。

しかし、差別化も視点を変えただけで、身近なところに差別化の芽は転がっているものです。それは本業のビジネスで常々課題になっているものの中にあるはずです。その課題は、業界特有の現象と捉えられ、今まで根本的に改革しようとする取組みが行われなかったものです。

それは具体的に何かと問われれば、皆さんのビジネス業界で抱えている現実的な問題の中にその芽を見出すことができるはずです。

業界として解決しなければならない課題、問題点を掘り下げて、原因分析を通して差別化につながる要因をあぶり出すのです。

これは単なる抽象論ではなく、差別化発見の方法論として捉えてください。

これこそ業界関係者の自分自身が見つけなければならないミッションです。自分で見つけようとしなければ、誰も見つけてくれません。見つけられなければ、業界は先細っていくだけです。

本書は、営業部の立て直しのポイントを解説していますが、立て直しの後は、利益を潤沢に生む業績発展のシナリオを描かなければいけません。そのシナリオの中核を占めるのは、業界に先駆けた差別化戦略です。その意味で差別化は、事業拡大の決定的なメルクマールになります。

あなたの属する業界が抱えている複数の課題に対して、目を背けることなく真剣に改革に取り組むことです。その改革は、何か新しい手法で、従来にない価値観を見つけることになります。ビジネス環境は、そうやって新しい手法、新しい価値観の出現によって、進化成長していくのです。

その新しさというキーワードが「差別化」です。ですから、どれもこれものすべてが大差別化につながらなくても、些細な変革を続けていくことです。

ヒットを打ち続けているうちに、どこかでホームランアーチが生まれます。

差別化の切り口いろいろ

差別化を考える際、学者のマーケティング手法を参考にするのも手です。

例えばW・チャン・キムとレネ・モボルニュが提唱した「ブルー・オーシャン戦略」です。価値を高めながら低コストを同時に実現しようとするもので、既存マーケットの枠を超え競争のない新たなマーケットをつくり出す手法です。今までその商品・サービスに興味はあるが購入したことはない非顧客層や、産業選択の基準を見直すことによって代替産業を見つけ、そこで新しい需要をつくりだすのです。

また、マイケル・ポーターが「競争優位戦略」で言っているように、ビジネス環境を競合他社、サプライヤー（売り手）、バイヤー（買い手）、新規参入業者、代替製品という5つの競争要因を分析して差別化の勝機を見つける方法もあります。

そこでは、コストリーダーシップを取るために商品・サービスの品質、機能で当社以外はないという差別化特性を追及します。さらに特定の地域、顧客、商品・サービスを絞り込んで、集中的に勝つための差別化マーケティング戦略を実行するのです。

いずれにしても、すぐ着手できる差別化イノベーションから始めましょう。あなたの業界で身近な悩ましい課題を、問題解決する中から差別化のヒントを発見しましょう。差別化要素は、商品・サービスやマーケティング手法だけでなく、営業スタッフ、企業イメージにもあります。

2　【事例】小さな差別化ビジネスモデルの導入

拡販不振を相談される

ある医療団体から年金基金の拡販不振を相談されました。

営業ターゲット（営業の対象者）はこの医療団体の登録会員です。リストは用意されていました。この団体はすでに外部組織に営業を委託し、新規の基金加入者の拡販を進めていました。

しかし、結果として成果が出てこなくて、何かよい方法はないものかと検討していました。そこで営業代行の営業スタッフが、問診を通して現況を整理しました。試し営業のファーストステップのFSを実施したのです。その後、何回かの問診によって、問題点が浮かび上がってきました。

見込客を見つける会社と、クロージングする会社が別々

実態はこうでした。営業活動をテレフォンマーケティング会社（テレマ会社）と、保険会社の2社に委託していました。見込客を見つける会社はテレマ会社で、会員リストに基づいて年金基金への加入意志を電話で確認していました。そこで加入に関心のある人は、電話オペレーターがリストアップして保険会社へ渡していました。

保険会社は医療団体からクロージング（契約獲得）を委託されており、この見込客リストにもとづいて訪問営業を実施していたのです。

しかし、成果は出ませんでした。

保険会社の営業スタッフは言いました。

「このリストは見込客リストなんてもんじゃない！　こんなリストで訪問してもムダだ！　成果が出ないのは、こんなリストをつくったテレマ会社のせいだ！」

この保険会社の発言を聞くと、テレマ会社の電話オペレーターたちは、

「なに言ってんのよー！　営業能力のなさを棚にあげて、よく言うわ！　私たちは電話ではっきり、基金加入に関心があるということを確認してリスト化しているのにー！」と大反発しました。

問題には必ず解決ポイントがある

もちろん両者の話は平行線を辿り、折り合うことはありませんでした。

ここでのポイントは、営業活動の基本である情報の一元化です。営業活動の情報は1つの部署に統合されなければ、情報はパワーを生みません。同一の営業管理下にその情報が集約されてこそ、情報が戦術的に活かされるのです。

できればテレマ活動もクロージング活動も、同じ営業体でやるのがベストです。営業スタッフのリストに対する注文も、電話オペレーターにフェース・トゥ・フェースで伝えることができます。

電話オペレーターも、営業スタッフの要請に対して誤解と感情に流されることなく、見込客の基準をはっきりさせることができます。これにより電話オペレーターと営業スタッフが、共通の目標「成果を出す」という方向にベクトルを合わせられるのです。改善改良の意見、提案に対しても、即座にすり合わすことができます。

後日、問題点を見つけた営業代行スタッフは、医療団体に次のような解決策を提案をしました。それは営業代行会社の中に、小規模なテレマチームとクロージングチームを併設した営業プロジェクトを立ち上げる案です。

これは他社に対して、新しい差別化ビジネスモデルの誕生です。この提案は速やかに承認され、営業代行プロジェクトが編成されました。成果についてはもちろん語るべくもなくいいものでした。

ささやかな差別化提案ですが、これによって営業体制の変革を実行することになり、業績拡大につながったという事例です。

自社の強みは何か

自社の差別化を考えると、自社の強みは何かという問いに突き当たります。それもマーケット競争に打ち勝てる絞り込まれた強みはあるかということです。できれば「努力しなくてもできること」という自社の属性そのものが本当の強みです。他社には到底まねのできないものです。オリンピックやスポーツ大会で、肉体的な属性を強みにして戦っている選手が持っているあの強みと同じものです。営業スタッフ、会社イメージを棚卸して探してみてください。

自社で発見できなければ、マーケットを探って「不便をもっと便利にする新しい」、「従来の価値観を変えた新しい」商品・サービスを発見するか、発明するかしかありません。

たとえば、これから日本でも普及していくタクシー配車サービスの「ウーバー」です。これは、自動車を「所有するもの」から「利用するもの」へと商品の価値を転換させていきます。

それに関連して「ウーバーイーツ」というサービスが広まっています。加盟登録している飲食店の料理を宅配サービスする新しいスタイルのサービスです。これらは「不便さ」や「物に意味づけされた今までの価値観」を便利さや意味づけを変えることによって、新しい商品・サービスに生まれ変わらせたのです。

追い詰められなければ、イノベーションは起こりません。

今置かれている立て直しという状況で、ピンチをチャンスに変えて、差別化につながるヒントを探り取ってください。そして、その差別化をてこに企業存続につなげてください。

第5章

立て直し中の営業メンバーに やってはいけない3つのポイント

1　上司は怒鳴るな！（ほめろ！）

上司はムードづくりを心がけろ

上司はいいムードづくりを演出することを心がけます。

全体にマイナスなムードが派生することは極力抑えます。しかし現状の厳しい現実は、しっかり伝え、危機感を持たせることは必要です。

怒鳴ってしまうと有効な対策案があっても、その実施にブレーキをかけることになってしまいます。まさに怒られてやらされているという受け身感が、自発的な行動結びつかなくなってしまうのです。

しかし営業スタッフによる目に余る反抗的な態度、言動に対しては毅然と反論して、その姿勢、考え方を反省してもらう必要があります。

信賞必罰という言葉がありますが、よくやって結果を出した場合はほめてやり、失敗や組織にマイナスの結果をもたらした場合は、きちんと諌めて本人にしっかりと反省させることです。このところを曖昧にすると、組織の健全な育成につながりません。

この際の緩急のバランスは、怒りたくなる場面が7割で、ほめる場面が3割というのが実態だと思われます。

ここは立て直しのステージです、それでなくても暗くなりがちな営業ムードを、あえて一新する努力が必要です。沈み切った熱のない組織には、エネルギーは生まれません。

むしろ営業スタッフが実績を上げ、結果を出した場合は、営業部全体で歓喜の声を上げて祝福する必要があります。

そして営業スタッフ全員が、結果を出してほめられたい体質に変えていくことです。パブロフの犬の営業版です。

営業はほめると、なぜか行動ホルモンが湧き出てくるようです。

2　自主性を押さえつけるな！（発揮させろ！）

うまく指導するために、本人が納得するシナリオを用意する

売上が低迷している営業部は、往々にして営業部長の示達した数値目標を達成するため、行動指標を一律に強制するきらいがあります。

これは営業個々人の営業手法を無視し、自主性を押さえつけることになります。これは営業に限らず、自主性を押さえつけたトップダウンの命令手法以外何物でもありません。

人は、人に限らず動物もそうですが、自分のやり方を否定され、言われたとおりにやるといことは長続きしません。またやる気も生まれてこないし、楽しさも生まれてきません。

自主性は抑えつけるのではなく、ほめてやり、発揮させろです。

そのためには、個々人の営業上の課題を明らかにし、自発性を発揮するよう誘導しましょう。具体的には、課題の改善状況を進捗チェックすることによって、本人が今後何をすべきかを気づいてもらいます。

そして、個々人の営業上の数値目標を明らかにしてやって、行動指標として追いかけさせます。その達成度をチェックして、達成していれば大いにほめてやりましょう。

ここで大切なのは、営業スタッフの営業上の課題から改善目標を設定する場合、本人にきちんと納得させることです。

自分が弱みとする能力を数字の結果から引きだして認めさせ、強みの能力でどう補填したら結果向上に結びつくかを指導するのです。

中堅営業スタッフでも、意外と強みも自分では意識できていないのが現実です。

営業スタッフは、弱みは経験則でわかっていますが、解決方法はあいまいです。

まして強みについてはさらに漠然としています。はっきり言って、30歳前半までであれば、弱みの矯正は可能ですが、それ以降は本人の強い意志がなければ、弱みの矯正は難しいです。

そうなると、強みを活かして、弱みをカバーするよう指導するしかありません。

これも本人の納得があってのことです。納得は、本人の過去の営業活動の数値を分析して、なぜこの能力が強みなのかを知らしめさせる必要があります。

日報から拾う営業活動の数値は、営業スタッフ本人の足跡です。

この数値分析をすることによって、その営業スタッフが今後結果を出すには、何をしなければならないかをあぶり出すのです。感覚的なものではありません。極めて客観的、科学的な分析になります。この数値は前向きな意識に導くものです。

この数値を突きつけて、本人に深い納得、理解を求めるのです。この資料なしに営業スタッフとすり合わせをしても、両者にとって一過性の指摘、アドバイスでしかありません。

営業スタッフが自主的に目標設定し、スケジュールどおりに能力開発を実施するには、きちんと本人が納得するシナリオがあってのことです。

営業幹部の仕事は、営業スタッフの早期の能力開発に尽きます。

3　マイナーな話をしてムードを下げるな（ウキウキさせろ！）

営業の雰囲気を明るくしよう

立て直しはムードづくりが大切です。

元気になるきっかけを、機を捉えて何度となく発信していく。

終礼時、成果を出した営業スタッフに対して、みんなの前でほめ言葉を発することは営業部全体にいいムードを醸し出します。

上司の発言内容は、影響力が大きい。

営業活動のマイナス部分をこと細やかに語り、その原因がすべて営業スタッフのせいであるというのは、営業全体のムードを下げるだけで百害あって一利なしです。

個々の営業スタッフの課題、問題は山積みですが、優先順位をつけてどうすれば解決できるかを指導してやることです。

また今後の明るい未来につながる営業部の施策、個々人の対応策を指示してやることです。

営業部隊には、集合体としての雰囲気があります。

「思わずいいムードだなあ」と思える瞬間があります。そういう営業体は、間違いなく業績が順調に伸びているときです。

業績が低迷している状況ではどうしてもムードは暗くなりがちです。

その状況をぶち破るには、成果を出させることです。

そして成果を出した営業スタッフを、営業メンバー全員で歓声を上げて祝福するのです。

「よくやった、おめでとう！　みんなも鈴木さんに続けーパチパチパチパチ（拍手）」なんて元気モードを演出するのです。

この積み重ねがじわーと全体のムードをつくり出し、売上、結果になって表れてくるのです。

マーケティングの本を読んだって売上は上がりません。作戦は作戦。作戦は実行して、成果を出してなんぼのもんです。

営業幹部の価値は営業スタッフのやる気を引き出すこと

営業の本質は、営業部の一体感をどう演出するかにかかっています。

これをやらないで、抽象的で無機質な戦略論にあぐらをかいている営業幹部は、大いに反省すべきです。

そんなもんじゃ現場は動かない。

現場感覚から見たマーケティング理論なんて、所詮営業をやったことのない学者さんの「僕はこう思う」って程度のものでしかない。

立て直しの営業幹部は、自分で営業部隊に働きかけて、結果を出さなければならないのです。

むしろ、部下とのこまめなコミュニケーションに力を注ぎ、営業スタッフにやる気を出させるように仕向けてこそ、営業幹部の価値があるというものです。

営業活動は生きるための本能に基づいた動物的行動です。抽象の入る隙間など微塵もありません。まして立て直しという追い詰められたステージでは、なおさらのことです。

営業幹部は、営業スタッフに面と向かって愚痴を言ったり、怒鳴りたくなりますが、これはくれぐれも厳禁です。

営業幹部は、あくまで結果を出すという実利的な発想で、営業スタッフにやる気を出させて、ウキウキと営業活動をやってもらうよう導くことです。むしろ、そう仕向けるように全エネルギーを発揮することです。営業スタッフにとっても、やる気をに火をつけてもらえることは喜びです。

営業スタッフの働きがあってこその立て直しです。

こういうときは特に営業幹部には、全体情勢を上から見て「今、営業部は何をしていて、これからどうすべきか」を俯瞰する力量が問われます。

やる気が出る動機づけをしよう

ピーター・ドラッガーが言っている。

「できないことを並のレベルまで引き上げるよりも、できることを超一流にするほうが易しい」

営業活動は極めて属人的な資質に負う要素が大きい。個性や性格的な特性を前提に営業活動をします。その際、成果を出す営業スタッフは自分の強みに気づいて、自分なりのやり方を知っています。そのことからも営業幹部は、営業スタッフのやる気につながる強みのあぶり出しをサポートする必要があります。

まず営業スタッフに自分の営業上の強みを挙げさせて、それを定期的に検証し、見直しをさせます。そして得意とする表面的な活動ではなく、やらずにはいられない資質に基づいた強みを見つけるのです。さらには多少時間がかかりますが、その強みを活かしたスキル、知識を計画的に強化させます。

動機づけとしては、昇進、昇給、権限の拡大などを提示してやります。さらには、営業をすることが社会貢献につながり、自分の価値観と一致するように導いてやることです。そうすれば営業スタッフは、組織が自分を成長させてくれると思え、やる気に一層の拍車がかかります。

第6章　営業マネジメントの5つのアドバイス

1　営業部全員の活動情報とスタッフ情報を見える化する

営業スタッフ相互の営業活動の内容は、終礼時の報告だけでは正確な全貌がよくわかりません。このような閉鎖的な状況では、様々な有効な情報が埋没している可能性があります。もちろんお互いに営業情報を隠しているわけではありません。仕組みの問題です。

そこで営業スタッフ全員の動き、進捗状況が見える化されていれば、全営業の活動情報を共有できます。見える化によって、A営業スタッフの情報がB営業スタッフにとって、タイムリーな有効情報になることもあります。

例えば、A営業スタッフが照会したC登録スタッフがクライアントに派遣受入れを断られたときに、B営業スタッフが抱えている派遣オーダー内容にC登録スタッフのスキルがピッタリの場合、C登録スタッフは派遣決定の可能性が出てきます。このような例は、よくあるケースです。

全営業の活動情報は生き物で、その情報価値は営業スタッフそれぞれにとって、違った意味を持っています。

人材派遣営業で言うと、見える化することによって各営業が抱えている派遣オーダー状況がわかり、オーダーに対して派遣を希望している登録者への営業スタッフのアプローチ状況（業界用語

【図表13　オーダーと派遣スタッフの一気通貫を見える化する】

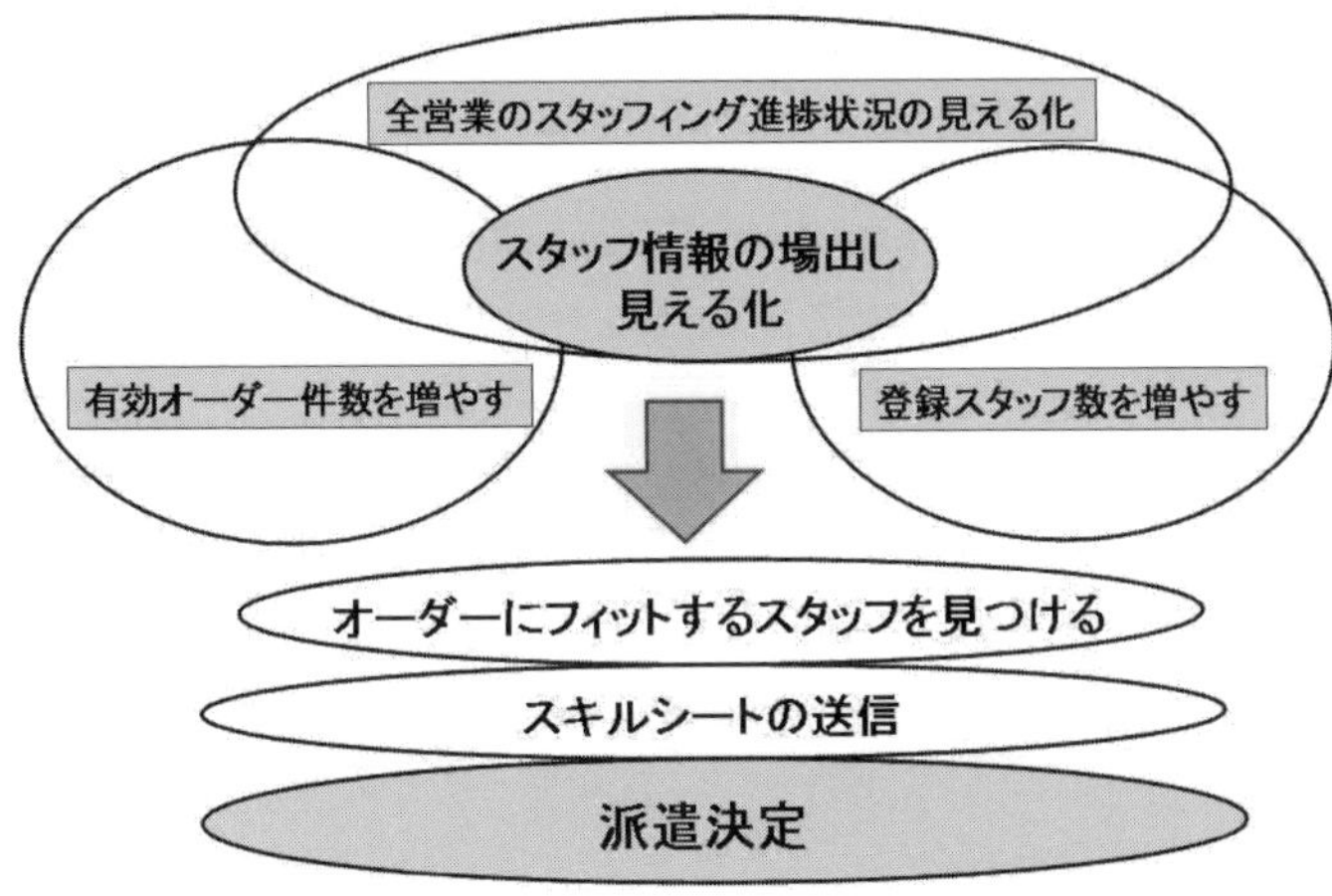

でスタッフィング状況）がわかります。

各営業スタッフのアプローチ中の登録スタッフ情報、営業スタッフが自分の案件では派遣できなかった派遣可能な登録スタッフ情報、派遣終了時期が来て当月末でフリーになる派遣スタッフ情報などが、全営業の活動状況の見える化によってあぶり出されることになります。

また、登録スタッフのクライアントへの照会進捗状況がわかることによって、自分のオーダーにはミスマッチだった登録スタッフを、Ａ営業スタッフが受注しているオーダーにはぴったりということで派遣照会することができます。また同時期にＢ営業スタッフのオーダー案件に逆提案するということもできます。

営業活動の見える化ほ、営業部全体で派遣を希望している登録スタッフ情報、各営業スタッフのオーダー案件に対応している登録スタッフの照会状況とその結果情報、派遣終了が予定されている派遣スタッフとその終了時期、などリアルな進行中のスタッフ情報が共有できます。

派遣スタッフの動向に合わせて、先手先手に営業対応が取れます。

このシステム構築は、多少開発費がかかりますが、ぜひ整備したいシステムです。無駄な検索作業をなくして、営業効率を上げる手立てになります。

週2回、早朝ミーティングの実施

ここでの注意点は、登録スタッフ情報の共有化です。

両チームが抱える派遣可能な登録スタッフの現況情報、営業個々人が管理している派遣中スタッフのうち、当月、翌月に派遣終了が予定されているスタッフ（新しい派遣先企業への派遣が可能なスタッフ）情報などは、定期的に営業部で開催される登録スタッフの情報交換ミーティングで情報開示する必要があります。

登録スタッフの情報交換ミーティングは、毎週2回は朝礼前の早朝ミーティングとして実施するのがいいです。進行役は営業幹部が交代でやります。

情報共有するには、各チームの営業スタッフは、正直に派遣成約に向けて対応中の登録スタッフのクライアントとの進捗状況や、スタッフの希望条件の変更、直近の活動情報を情報交換ミーティングの場で開示しなければなりません。

この場の新鮮でタイムリーなスタッフ情報の交換は、会社の売上に直結する極めて重要な機能になります。売上をつくり上げる重要なＫＰＩの１つです。

スタッフ情報は、会社の資産です。スタッフ情報を営業個人、チームが意識的に抱え込むことは、派遣スタッフを自社で派遣する機会を奪うことになります。派遣スタッフは、同時期に同業他社にも登録しているのです。

派遣スタッフにとっても、営業部全体にとっても不利益な状況をつくるだけです。

そのためスタッフ情報を交換ミーティングの場に出すことは、営業スタッフに厳守させる必要があります。

それを破った場合は、部下の失態は上司の責任として、チームリーダーは何らかの罰を受けるルールをつくるべきです。チーム制がなければ、営業スタッフ個人が対象になります。

罰則は、内容に合わせて罰金を設定するのが有効です。

派遣が決定して成果を出した際には、営業全員で祝福の声を上げよう。

しかし反面、スタッフの抱え込みで派遣機会を失うような事実が発覚した際には、きちんと営業部ルールで罰を与えましょう。チームの健全性を維持する最高の手法は、信賞必罰です。

特に早朝ミーティングは、営業スタッフが全員揃う場です。営業スタッフはスタッフ情報の開示だけでなく、この場を活用して手持ちオーダーで緊急派遣の案件がある場合は、必要スキルを告知し検索中スタッフの情報収集を広く呼びかけてください。

2　終礼を営業スタッフの人材育成の場にする

毎日の終礼が勝負を決める

この集まりは、継続的な人材育成と営業スタッフの気づきの場です。決してルーティン化された儀式ではありません。

教育訓練は、一般的に集合研修やマンツーマン指導でやります。しかし、営業スタッフの人材育成は、営業活動中に指導するのが一番です。しかも、営業スタッフが集まっているシーンでの指導が有効です。

終礼は毎日夕方に実施します。進行役は部長か営業幹部でやります。交替でやるのも手です。

終礼は毎日の活動報告です。

営業トラブルは発生した当日の終礼で、営業スタッフに発表させて全体の問題として捉えます。

これにより全営業は、問題発覚から問題解決のプロセスを知ることになります。これは各人の営業能力の成長につながります。

終礼をトラブル講習にする

トラブルは営業にはつきものです。特に人材ビジネスのケースは、お客さん、派遣スタッフ含めて全部人間です。まさに人間ビジネスそのものです。人間は生ものです。刻々と変わってきます。派遣スタッフの中には、進化する人もいれば、退化する人もいます。さらには病む人も出てきます。病む人は、内臓器官に疾患を発症させる人、メンタル機能をこじらす者など多岐にわたっています。

このような状況が起きると、派遣の途中終了や就業日数が減少し、就業継続に支障をきたしてきます。

トラブルは他にも数限りなく発生します。トラブルの内容は、派遣がスタートして仕事内容と自分のスキルがミスマッチであることに気づくとか、最初の話と違って急激に仕事量を増やされる、派遣先での人間関係がうまくいかない、派遣期間が当初の計画と違って短縮された、などなどトラック１台分あります。

トラブルが発生すると、１か月強の折衝期間を設けて解決していきます。

職場の人間関係は、短時間での解決は解決不可能です。職場の人事異動による改革か、スタッフ本人が、違う派遣先に行くという職場環境のチェンジしかありません。

終礼時、そんな様々なトラブルの発生状況から、解決に向けた交渉の進捗内容、そして解決時の内容を簡潔に発表させて情報の開示をさせるのです。

テーマによっては、法務担当者を交えたトラブル専門部会を開くこともあります。

営業スタッフは、終礼時に、生々しいトラブル案件の進捗を聞くことによって、間接的にトラブルの対応方法を勉強できるのです。

これは、営業スタッフのトラブル解決スピードを加速させることに役立ちます。実際に類似したトラブルが起きたときは、慌てることなく他者の事例を参考にスピーディーに解決できるのです。トラブル案件の解決体験は、営業スタッフにとって能力開発の近道です。

参加メンバーの発言、アドバイスは、積極的に受け入れて侃々諤々のシーンを演出します。自分の発表だけで、人の話は聞かない場になりがちの終礼を、面白い参加型の終礼にするのです。そのためにも進行役は、あらかじめ営業スタッフ個々人の課題をしっかり押さえておく必要があります。そして毎日の営業活動の具体的案件にからめて指導します。。

そこでも営業スタッフの気づきを引き出す誘導が必要です。

気づきは、自主的に営業活動をやっている営業スタッフの体の芯から生まれてくる感覚です。やらされ感満載の受け身の営業スタッフからは生まれてきません。

営業幹部は、自立的に営業活動を捉えることのできる営業スタッフの養成に心血を注いでください。

終礼は、営業幹部が中心になり、毎日の出来事を材料にして実施する人材育成の場です。

そのためには終礼時、営業スタッフ全員がこの場を捉えて、お互いに活動の進捗状況を報告しあうのです。その日に起こった自慢話、失敗談、トラブルなどを、その後の展開を含め要領よく発表しあうのです。これは若手営業スタッフにとってはまさに宝の山にいるようなものです。

3　若手営業スタッフは直属上司をはっきりさせ、報告、相談ルートを決めておく

速やかに相談できる体制をつくる

若手営業は、些細なクレームを大トラブルにしてしまうことがあります。これは経験の浅さから、判断を誤った結果です。ケースによっては、結果的にいい経験になります。

しかし基本的には、速やかに相談できる上司がいて、適切に対応していたならば、大問題にはならなかったはずです。後ろ向きなエネルギーを使うこともなかったと思われます。

問題解決の能力は、問題発生に対して速やかに対処することによって育成されます。

そのためにも、若手営業には直属上司を指名し、報告、連絡をさせる習慣を植え込ませなければなりません。

ビジネスはお金だけでなく信用をつくることです。信用を蓄積する上で、クレームが起きたとき、若手だからということで許してもらえるほどビジネスは甘くありません。

トラブルに発展すると、お金で解決することになり、会社に多大な損害を生じさせます。そう考えると、直属上司の指導、アドバイスは若手営業の育成にとってキーファクターになります。

若手営業にとっても何かあったとき、直結した相談ルートがあり、相談できる相手がいるというのは心強い仕組みです。

営業力アップのために各人のやるべきこと

教育は、指導する自分にも跳ね返ってきます。上司となる人物も、腹を据えて温もりのある指導を心がけることです。怒鳴り、恫喝することは、立場上安易にできます。

そうではなく、温もりのあるやり方で、若手営業の行動パターン、営業姿勢を変えることをチャレンジしてください。そして自分も、若手営業を育成することによって、同時に進化するのです。

上司は、若手営業が問題やクレームを発生させたとき、速やかに報告させ、スピーディーに指示をだしてください。

若手営業は、クレーム内容と指示された対処法を毎日の終礼時に発表してください。

営業幹部は、その上司の若手に対する指示内容に物足りなさを感じた場合には、遠慮することなく他の営業スタッフが積極的にアドバイスする環境をつくってください。

この継続が個々人の営業能力アップにつながっていきます。ひいては営業部全体の業績アップにつながります。

4　営業本部は目標と成果についてよく話し、営業全体のベクトルを合わす

全員でV字回復のシナリオを描くこと

営業本部は営業体の要です。そのため営業全員が集まる機会を捉えて、業績の現況、方向性を伝

えてください。

その際、明確な目標と、なぜその目標を達成するのかはっきりと繰り返し伝えます。全体の意識とベクトルが集約するように演出、指導するのです。

数値目標は、何度も繰り返し発言することにより営業スタッフにしみ込んでいくものです。その際には、なぜこの数値目標を達成するのか、それから生まれる利益はどれくらいかなど具体的に示すことです。

営業部全体で追いかける数値目標の意味を理解することは、みんなの力でつくり出す会社発展の根拠を知ることになるのです。また、これは企業が目指すビジョン実現に向けてへのステップの進行状況を知ることにもなります。

営業部スタッフも、毎日、自分たちが追いかけている数値が、どこにつながっていき、どんな形で還元されるのか関心があります。

これは営業部立て直しの状況であっても同じです。

むしろ頻繁に企業が置かれている現状を、正確に営業スタッフに伝える必要があります。

今、営業部に求められているミッションは、売上底打ち反転であり、V字回復のシナリオを実現させることであるとしみ込ませるのです。

そして、この現実に会社は直面しており、この状況を打開するには、営業スタッフ全員がパワーを結集して、自力でまず売上底打ち反転を達成することに集中するのです。達成した暁には、次はV字回復のシナリオが待っています。

これを幾度となく、機会を捉えて発信していくのです。

営業体は生き物です。自分たちが何のために、何をしているのかを知ることは、やる気につながってきます。

しかも、それが自分たちの将来にとって、安心と収入の安定につながっているということであれば、おのずと本気になって仕事に取り組めるというものです。

そのためにも、同時並行で営業本部は、事業発展の中期計画として事業戦略策定、事業ビジョンづくりをする必要があります。これは営業体を牽引する重要な引き金になります。

それに伴う営業現場の建設的な意見、アイデア提案は、まずは営業本部が中心となって示達する営業戦略とビジョンをきっかけに浮かび上がってくるものです。

5　営業本部は定期的に営業スタッフのメンタルチェックをやる

営業は人間関係ビジネスだからこそ

営業スタッフのメンタルフォローは、定期的に実施しましょう。営業本部は、営業スタッフと面談し、カウンセリングを通じて営業スタッフのストレス、迷いを解消させる必要があります。

機会を設定して、個々人と向かい合います。内的な不安、不満、要望、悩みについて掘り下げたメンタル・カウンセリングをやるのです。

営業上の解決策を一緒に考えて、糸口が見つかれば解決シナリオに基づくスケジュールを引きます。この手の解決は、本人の自主的な回復シナリオに基づき、継続的な改善行動へ導くことがポイントです。

営業は、人間関係ビジネスです。これは、人材派遣ビジネス特有の話ではありません。

地球上にいる70億の人類は、生きるためにビジネスをしています。ビジネスの内容は、商品かサービスの提供です。ビジネスの取組み方は、千差万別でボチボチやる人もいれば、真剣に必死でやる人もいます。

これについてよい悪いは、第三者は何とも言えません。しかし、人間に関わりながらビジネスをやっていると、綺麗事ではいかない、色々な無理をやらざるを得ないこともあります。

なぜなら営業を含めビジネス行為は、結果を出さなければいけません。

そして、これは金銭の実績としてストックされます。

このビジネスの一連の流れは、結果を出すため、稼ぐために相応のエネルギーを使います。このエネルギーは知的な作戦能力と、商談相手との間で交わされる精神的な駆け引き能力です。

これらの能力は、商談が実現した際には、最高に充実した楽しさに昇華されます。

しかし、現実は連戦連勝というわけにはいきません。当然商談が破談することもあります。

それも立て続けに破談が続いた場合などは、メンタル的に相当なダメージを被ります。

これがまさに営業スタッフが、陥る落とし穴なのです。こんな状況の営業スタッフには、手を差し伸べてやらねばなりません。中にはこんな状況を踏み台にして、力強くステップアップする人材もいますが、これはやはり例外です。

一般的には、個人で抱え込んで悩み苦しんでいます。

こんな営業スタッフには、経験豊富な営業幹部が定期的に面談をして相談に乗ってやるべきです。

思いついたようなフォローよりも、しっかりとした体制を

この体制ができると、敗者復活で日の目を見る営業スタッフも数多く生まれてくると思います。

またこの地味な活動を通じて、営業幹部と営業スタッフ間に強い絆が生まれるかもしれません。

特に昨今の営業現場を見ると、営業の落とし穴に落ちるべくして落ちる営業スタッフのなんと多いことかと感じます。

それを営業経験不足の営業幹部が思いついたようにフォローしますが、暖簾に腕押しで営業スタッフを蘇生させることはできません。所詮思いつきでは、落ち込んでいる営業スタッフの手助けにはなりません。

ぜひ営業本部は、本格的な体制を組んで営業スタッフのフォローシステムをつくってください。

第7章　成長する営業、３つの条件

1　営業部という生命体は、目標達成のために
トップの意思と営業メンバーの改善案を吸い上げて呼吸循環する

経営者はビジョンを発信しつづけ、現場の意見を取り入れる

営業部を構成している営業メンバーは、集まるべくして集まった必然として捉えます。信頼感をベースにした営業部をつくらなければ全体としてのパワーは発揮できません。

そして個々の個性を生かした役割を与えてやることです。

それによって初めて営業スタッフ個々人にとって、自主的に営業体制、営業施策に対して発言することのできる環境条件ができるのです。まさに営業スタッフが、営業部を自分事と捉えて、思いを発言できる環境になるのです。

これが日常化されれば、組織の立て直しは、ボトムアップで営業現場から実行されます。

しかし、野放図に現場の意見を取り入れるだけでは、経営幹部はいりません。

会社は経営者の分身です。会社の目指す方向、事業ビジョンは、経営サイドからから発信しなければ、会社が存続している意味がありません。

会社は経営者の意思が反映されてこそ個性的な生命体に成長していくのです。それを実現する道筋の中で、都度つどの状況に対応してどう振舞うかは、現場の意見、アドバイスを取り入れるべ

きです。そこに、営業メンバーの情勢判断が生きてくるのです。

毎日の営業活動は、刻々と変わっていきます。そこでの対応は現場の判断に委ねることになります。

しかし、マーケットは宝の山でありますが、大きなクレーターもポッカリ口を開けています。

戦線の決断は営業スタッフに任しますが、大きなトラブル、大型案件の受注判断などは営業本部の判断になります。これはトップの事業戦略との整合性を問う案件になります。

経営の方向性なり戦略的目的は、ぶれなく進めたいものです。

その意味においても、営業現場の息とトップの意思が呼吸循環することは、健全な経営活動につながります。

会社は生命体に例えられます

人間の体は、60兆個の細胞でつくられています。

そして人間は食糧を口にして、呼吸をすることによって生き延びています。

その活動エネルギーをつくり出しているのが細胞内にあるミトコンドリアという小器官です。

ミトコンドリアは、呼吸と食糧から取り入れた酸素とブドウ糖をもとに、大量のアデノシン３リン酸（ＡＴＰ）という化合物をつくり出しています。

アデノシン3リン酸（ＡＴＰ）は、人間という生命体を支えるエネルギーです。毎日このエネルギーが体内で大量につくり出されているのです。

これによって人間だけでなくミトコンドリアも生き続けているのです。

生命体のこのすごい機能は、そのまま会社機能に当てはまります。

まさに会社は、意思を持った生命体そのものです。

営業部はミトコンドリアで、アデノシン3リン酸（ATP）は利益です。

ミトコンドリアは、会社と自分の生命を維持するため、会社外部に働きかけて呼吸循環、食料調達活動によって売上という酸素とブドウ糖を手に入れて、ATPという利益に相当する生命維持エネルギーを増産しているのです。

このことからも会社機能における営業部の役割は、極めて重要であることを意識してもらいたいです。

生物学は生き物の学問です。38億年前、地球上の生命は、海中の藻類植物プランクトンという生命体が誕生して以来、延々と進化、変化してきています。

この植物プランクトンは、光合成によって、太陽の光エネルギーを利用して二酸化炭素と水から生命エネルギーを生み出しています。

人間の生命を維持するのに必要な酸素は、光合成から生まれる廃棄物です。

海からあふれ出た酸素は、大気中に拡散していき、上空で紫外線と化学反応を起こしてオゾン層という吹き溜まりをつくりました。オゾン層は紫外線を吸収する作用があり、それによって植物が地上に進出す環境条件ができたのです。5～6億年前の出来事です。

動物はそれから1億年後に地上に進出しました。動物、植物含め地球上の生命体の祖先を辿っていけば、38億年前は同じ祖先の原始的な植物プランクトンに行きつくと言われています。

動物も植物も本を正せば同じ祖先なのです。

そんなことからも、動物、植物を研究することは、立て直しのサバイバルを実施中のみなさんにとって、目から鱗が落ちるたくさんの気づきの発見につながります。奥の深い壮大な生命進化の歴史が広がっています。

会社という生命体の将来を考えるときには、植物、動物を含めた生物のエネルギッシュな生命機能に触れてみてください。

営業の進化は永遠か

進化はすでに生存しているものから発生します。営業活動も新しい仕組み、変革、進化を厳しい条件の中からつくり出します。そして営業スタッフは、たえずマーケットと状況適応することによって成果を出さねばなりません。しかし、成果は何もしなければ出るものではなく、頑張っても出ないこともあります。これは営業スタッフにとって、営業活動はいつも永遠に続くものではないことを意味しています。営業活動は進化するだけでなく、生滅することもあるのです。営業活動は、市場環境やお客さんを巻き込んで、多様な適応スタイルを勝ちとるためのバランス運動なのです。

すべてはやり方次第です。みなさんの意識次第なのです。

人間を含め動物も植物も微生物もＤＮＡやＲＮＡの各構成糖が同じで、タンパク質の構成単位であるアミノ酸も同じ20種類のアミノ酸を使って生命活動をしています。生命活動の基本部分がすべての生物で共通なのです。これら姿かたちの違う何の共通性もないと思える地球上の生物が、同じ原始的な生命体である先祖に行き着くことが明らかになっているのです。

そう考えると、地球上に生存する生あるものはみんな兄弟です。

人を見る目も、犬猫を見る目も、樹々、植物を見る目も、新鮮に見えるんじゃないですか。

まさに意識の持ちようによって生き方は、いかようにもなれるし、変えられると思います。毎日をそんなことを意識しながら、周囲を見渡し新鮮な気持ちで営業をしましょう。

2　軸となる営業幹部は、目標達成のために個々の営業スタッフの能力開発スケジュールの進捗責任者になる

欠点は直しにくい

人は、10代では教育によって欠点を改善できますが、20代後半になると難しくなります。

もちろん、本人の強い意志があれば、年齢に関係なく欠点の克服は可能です。

しかし人は、自分の欠点を自覚して矯正したいと思うのですが、ついつい忙しさにかまけて三日坊主で終わって、そのままというのが一般的です。

なかなか直せないままでいるものです。そこでよく言われているのが、欠点を直すことに捉われるのではなく、むしろ長所を伸ばすことに注力したほうがよいという意見があります。私もその考えに賛成です。長所を意識して、自分の強みを伸ばす能力開発は「自らを変える」「改善する」ことに通じるのです。

営業幹部の仕事は、営業スタッフ個々人の長所をあぶり出して、営業活動に具体的に反映させてやることです。

そして営業スタッフには、自分の長所が何であるかを理解させておく。そしてその長所を営業の活動プロセスの中で、どう具体的に発揮すればよいかというシナリオも一緒になって設計してやらなければなりません。

しかし、現実はそう簡単ではありません。営業スタッフの欠点はすぐに気づくものですが、長所となるとそう簡単には見つかりません。そうなると、営業幹部は、つい営業スタッフの弱点、欠点をあげつらって追い詰めることになります。

これは悪意がなくても、言い続けられると心理的に強いダメージを与えることになります。

営業スタッフの欠点を指摘するという安易な発言は、絶対にやめるべきです。

進化した自主性に基づく営業スタッフを育成しようとするならば、長所を意識させ、やる気を持たせる指導をすべきです。

はっきり言って難しいです。これは営業幹部の能力開発でもあるのです。営業幹部は本気で取り組んでください。

営業スタッフの能力を上げる方法

性格に伴う長所は、日頃の営業活動を注意深く観察する必要があります。時間をかけてきっちりとあぶり出して、本人に指摘してやってください。

すぐに取り組むことのできる営業指導は、営業行動の見直しです。

まずは念押しのために再指摘しますが、日報の行動分析をしっかりやることです。この行動分析の中から、どの機能を伸ばし、劣っている機能を補填しながらそれを上回る結果が出るようアドバイスするのです。

能力開発という言葉は、耳障りのいい言葉です。能力開発のやり方は、一般的には営業幹部が、個々人の営業上の問題点を抽出し、その改善案を一方的につくって本人に伝えます。

後は本人次第で、本人に伝えた後は追いかけないというような風潮があります。これであれば能力開発の気づきも一瞬で終わってしまいます。

営業部の喫緊の狙いは、底打ち反転する数値目標の達成です。これを達成するためにも、営業スタッフの能力開発は現実的な課題です。この取組みこそ軸となる営業幹部のミッションです。

営業幹部は、営業個々人の能力開発プログラムに基づいて、その進捗をチェックすることです。

新人、若手の営業スタッフの進捗状況は、担当上司によってＯＪＴによる実施状況を営業幹部に報告させます。能力開発の成果は売上アップというリアルな数値によって現れてきます。

結果になって現れなければ、担当上司のプログラムの内容、やり方、本人の意識改革をさらに見直しすべきです。

3　年間予算は、営業メンバーが納得した売上・利益目標の合計値にする

営業スタッフに予算原案をつくらせる

営業スタッフに予算をつくらせますと、本人の個性が強く出ます。

弱気な奴、強気な奴、小細工が大好きな奴、前半はちょぼちょぼで後半はＶカーブの予算を組む奴、様々な個性が百花繚乱と飛び交います。

営業幹部はそこを察して、まずは本人の意欲を尊重し、そこに営業部の要望を盛り込むのです。そしてやる気につながる予算をつくります。しかし具体的には、事前に年間売上を前年対比で何％アップにするとか、原価率を何％改善するとかの数値目標をすり合わせします。

年間予算はつくった予算が達成、実現されるものでなければなりません。

そのためには、営業スタッフを巻き込んだ内容でなければなりません。まさに営業幹部の腕の見せどころです。営業スタッフも原案は自分でつくっていますので、他人事ではすみません。

予算に営業スタッフのエネルギーが注入されるのです。

おわりに

「営業部の立て直し」というテーマは、営業関係者にとっては永遠のテーマです。

営業活動は常に波動のように大きなうねりを繰り返して進行していきます。好調な時期は長くは続きません。もちろん低迷し続けることもありません。

しかし、業績の低迷は、事業活動にとって赤信号です。業績の低迷は社員の退社につながり、会社そのものの倒産につながります。決して「いつかはよくなるだろう」と手をこまねいているわけにはいきません。

そして社長1人で立て直しをすることもできません。営業部の営業スタッフに協力をお願いして業績の回復を図ることになります。そこで必要なことは、本書であぶり出しているキーポイントです。立て直しの前提条件となるこのキーポイントを、社長と営業幹部がきっちりと環境整備することです。後は強い意識を持って、営業スタッフを巻き込んだ実践のみです。ご検討をお祈りします。

しかし、ふと周りを見渡すと、ビジネスの手法はだんだんと人を介さないＥＣサービスが主流を占めてきています。

営業活動など人と絡まったコミュニケーション・ビジネスは今後もあり続けるのでしょうか。

そんな不安に囚われることもありますが、心配はいらないと思います。

人間の社会は、人間を抜きにした社会活動はありえないからです。人間同士の関わり合いは確かに煩わしいものがあります。だが、その煩わしさこそが人間社会に進化もたらしているのです。

バーチャルな世界は、リアルな人間をバーチャルな人間に置き換えて、仮想現実なセカンドワールドに出現させているのです。これもシニカルな現実です。

営業活動は、現実の人間同士の生々しいコミュニケーションの中からしか生まれてきません。

営業活動は商品・サービスの提供に対応した対価を要求するビジネスです。

世の中は、まだまだ欲望と希望、情欲と愛、疑念と信頼という渦を巻いたエネルギーに満ち溢れて進化しています。人間らしい人間社会が存在し続けています。

これからも人間は、そんな社会でＡＩ、量子コンピュータを駆使しながら、営業活動を通じて人間という動物の存在証明をし続けるでしょう。

しかも営業活動は、これからはもっとエキサイティングで楽しいものになっていくでしょう。

最後に、本書が上梓できたのも、各業界にまたがる営業関係者、営業前線で活躍中の多くの営業スタッフのみなさん、営業幹部のみなさんの積年の助言、指導の賜物でございます。

心より感謝しお礼申し上げます。

令和元年12月

宮本　梵

著者略歴

宮本　梵（みやもと　ぼん）

1949年山口県に生まれる。

早稲田大学を卒業後、大日本印刷会社に入社。

印刷会社退社後、1977年から1978年、アフリカ13ヶ国、他数ヶ国2年間世界放浪。

帰国後は、派遣会社の㈱キャリアスタッフ入社。その後常務取締役に就任。1999年、㈱キャリアスタッフと外資派遣会社アデコジャパン㈱が合併、取締役に就任。その後、各社の顧問を歴任し、通算30年間派遣業と営業代行サービスに携わり現在に至る。セールスブレーン㈱代表取締役社長。

著書に『アフリカ冒険一人旅』（三一書房）、『試し営業に抜群の効果「営業代行業者」の活用法』（セルバ出版）、共著『夢を追い続けることの意味』（パレード）がある。

HP:http://sbrain.tokyoginza-biz.com/
e-mail:miyamotobonn @sbrain-net.com

実践・営業部が生まれ変わる６つの法則

2020年1月17日 初版発行

著　者　宮本　　梵　　

発行人　森　　忠順

発行所　株式会社 セルバ出版
〒113-0034
東京都文京区湯島1丁目12番6号 高関ビル5B
☎ 03（5812）1178　FAX 03（5812）1188
https://seluba.co.jp/

発　売　株式会社 創英社／三省堂書店
〒101-0051
東京都千代田区神田神保町1丁目1番地
☎ 03（3291）2295　FAX 03（3292）7687

印刷・製本　モリモト印刷株式会社

Printed in JAPAN
ISBN978-4-86367-548-3